ECONOMIA SOLIDÁRIA E VÍNCULOS

Mª Isabel Rodrigues Lima

ECONOMIA SOLIDÁRIA E VÍNCULOS

Prefácio de Paul Singer

DIRETOR EDITORIAL:
Marcelo C. Araújo

CONSELHO EDITORIAL:
Avelino Grassi
Edvaldo Araújo
Márcio Fabri

COPIDESQUE:
Camila Pereira Ferrete

REVISÃO:
Ana Aline Guedes da Fonseca de Brito Batista

DIAGRAMAÇÃO:
Érico Leon Amorina

CAPA:
Erasmo Ballot

© Ideias & Letras, 2013.

Rua Diana, 592
Cj. 121 - Perdizes
05019-000 - São Paulo - SP
(11) 3675-1319 (11) 3862-4831
vendas@ideiaseletras.com.br
Televendas: 0800 777 6004
www.ideiaseletras.com.br

Dados Internacionais de Catalogação na Publicação (CIP)
(Câmara Brasileira do Livro, SP, Brasil)

Economia solidária e vínculos / Maria Isabel Rodrigues Lima ; prefácio de Paul Singer. - São Paulo : Ideias & Letras, 2013.

ISBN 978-85-65893-21-3

1. Autogestão 2. Cooperativas de produção 3. Cooperativismo 4. Economia 5. Solidariedade I. Singer, Paul . II. Título.

13-02127   CDD-334

Índices para catálogo sistemático:

1. Cooperativismo : Economia solidária 334

AGRADECIMENTOS

Ao meu esposo Oscar, pelo incomensurável apoio e compreensão diante das ausências nos diversos momentos e nas longas madrugadas em que fiquei intensamente ocupada com essas reflexões.

Aos meus pais Walter e Anna e meus irmãos Darlan e Renan, eternos torcedores nas minhas conquistas e vitórias.

Ao ilustre Professor Paul Singer, pessoa extraordinária que vibra com as experiências de economia solidária e, acima de tudo, acredita na transformação das pessoas e do mundo. Agradeço imensamente por suas contribuições e pelo grande incentivo para que eu publicasse este livro!

A COOLABORE, que é a essência deste livro, a qual me encantou ao ver a economia solidária viva e pulsante, mostrando que outro trabalho acontece. Um agradecimento especial a todos os cooperados pelo aprendizado, acolhimento e vínculo estabelecido.

PREFÁCIO

Paul Singer

A obra que o leitor tem nas mãos constitui uma investigação original do processo de transformação desencadeado pelo desenvolvimento de um Empreendimento Econômico Solidário - EES que se dedica à reciclagem de resíduos no Vale dos Sinos, no Rio Grande do Sul nos últimos 15 anos. A investigação se propõe a elucidar se a prática de trabalho coletivo pode produzir importantes transformações nos vínculos familiares e sociais dos trabalhadores que o realizam. (p. 48)

Os empreendimentos econômicos solidários vêm se multiplicando vigorosamente no Brasil desde os anos 1980, quando a trajetória de nosso desenvolvimento, com industrialização e urbanização, foi brutalmente interrompida por uma série de crises, em boa parte induzida do exterior, que culminou num descontrole inflacionário inédito, afetando a economia brasileira por quase uma década e meia. As tentativas de jugular a disparada dos valores monetários mediante planos de congelamento de preços, destinados a quebrar a inércia inflacionária, agravaram a instabilidade econômica e submeteram as classes trabalhadoras a intensas ondas de exclusão social e econômica sob a forma de desemprego em massa, favelização e precarização das relações de trabalho.

Os trabalhadores assim vitimados reagiram adotando diferentes estratégias de sobrevivência, uma das quais tomou a forma de economia solidária, que se caracteriza por iniciativas de produção, distribuição e consumo organizadas por agrupamentos de trabalhadores que criam empreendimentos, dos quais tem a posse coletiva, autogeridos democraticamente pelo conjunto deles e cujos ganhos são repartidos pelos sócios segundo critérios de justiça distributiva, em proporção à quantidade de trabalho realizado por cada um. A questão estudada por Maria Isabel

Rodrigues Lima é o processo de transformação de trabalhadores que, até serem atingidos pelas crises, eram assalariados condicionados a cumprir tarefas e horários, em autogestores de seu próprio empreendimento, envolvidos na tomada de decisões de produção, comercialização e finanças, cujos efeitos - positivos ou negativos - são solidariamente partilhados por todos.

O ângulo de abordagem escolhido pela autora é o efeito da transformação dos trabalhadores de assalariados em autogestores sobre os vínculos que os ligam entre si, a suas famílias, a outros trabalhadores de EES de reciclagem ou de outra natureza e eventualmente a vizinhos e conhecidos. O ângulo de análise é o psicológico, pois "o vínculo não é palpável nem visível e relaciona-se 'com a fantasia inconsciente' elementos nada concretos. Por isso, os vínculos podem ser considerados elos intra, inter e transpessoais, que acompanham as emoções e as fantasias inconscientes". (p. 47)

A pesquisa foi desenvolvida por meio de entrevistas individuais com cinco sócios da cooperativa e a observação de oito assembleias mensais, em que os trabalhadores exercem a autogestão de seu empreendimento: a COOLABORE. O resultado da investigação desvenda, com muita inspiração e competência, o processo de transformação inter, intra e transpessoal, que o desenvolvimento da COOLABORE desencadeou em seus sócios trabalhadores. Todos eles haviam trabalhado antes em indústrias calçadistas ou metalúrgicas, com a exceção duma associada que já havia trabalhado numa cooperativa de reciclagem. Como assalariados, seu único compromisso havia sido cumprir o horário de trabalho; se durante esse lapso de tempo eles de fato produziram muito pouco ou eventualmente nada, no fim do mês recebiam sempre o mesmo salário. Na cooperativa, o ganho de cada um depende da produção de todos e, portanto, da produtividade de cada um. Conforme o depoimento de um representante da Diretoria da cooperativa: "aqui um depende do outro, eles cobram se fica parado. Se todos não trabalharem tranca". (p. 83)

O processo de mudança é percebido pelos trabalhadores como enfrentamento duma série de desafios. O primeiro grande desafio foi começar a produção e o segundo foi assegurar a cada sócio uma renda básica de ao menos 100 reais. Nas palavras do presidente "hoje passô acho que mais de dez anos, a gente tá com..., né, quase dez vezes (risos, satisfação) ganhando mais do que isso, do que o desafio no início". (p. 83)

A propósito, os depoimentos sobre o vínculo familiar do ângulo Financeiro/Renda apontaram "que houve, após a adesão à cooperativa, uma importante mudança na melhoria de sua condição financeira, a qual possibilitou a aquisição de bens para a família". (p. 75). Uma associada até comprou um carro e tem depósito na Caixa também. De uma forma geral, todos melhoraram de vida. A conclusão da autora a esse respeito é a seguinte: "Este relato demonstra que as mudanças percebidas vão além do aspecto 'financeiro/renda'; abrangem também a organização do trabalho". Ao comparar o trabalho fabril com o trabalho atual, o entrevistado B comenta de forma direta como seu trabalho anterior repercutia no meio familiar. (...) as empresas entendem que o trabalhador faz jus somente ao salário previsto contratualmente (...). "De forma diferente, nos EES, todos os que trabalham são considerados sócios, sendo que a democracia e a distribuição equânime dos resultados são princípios fundamentais." (p. 75)

Como resultado, hoje a maioria absoluta dos sócios da COOLABORE tem carro e casa própria, que antes a maioria não tinha.

Além da melhora do padrão de vida, a mudança para a cooperativa acarretou nítido aumento da satisfação no trabalho e da autoestima do trabalhador. Como assalariado, a opinião do trabalhador é ignorada pelos que têm poder de decisão; como associado, sua opinião pesa, mas como autogestor o trabalhador participa em igualdade de condições com os demais na tomada de decisões. Além disso, a ajuda mútua é a regra na economia solidária, o que gera vínculos de reciprocidade e compartilhamento não só do esforço produtivo, mas também do conhecimento acumulado pela experiência no trabalho. Na empresa capitalista, a interação dos operários é proibida no horário de trabalho e desencorajada nos intervalos de descanso. Em geral, os empregadores pressentem que a união dos assalariados tende a produzir reivindicações coletivas, cujo atendimento provavelmente lhes seria prejudicial.

Um aspecto essencial do processo de mudança é "A construção da autogestão – uma caminhada constante" que é a frase que intitula o tópico 6.2.2., que começa com a constatação que "na economia solidária, o trabalho é concebido como prática e princípio educativo, cujo horizonte é a criação coletiva de outra cultura do trabalho e de relações econômicas mais justas". (p. 90) Essa outra cultura do trabalho decorre essencialmente do fato de que no empreendimento econômico solidário são os trabalhadores que detêm o poder de decisão. Os princípios da autogestão são os mesmos em todos os empreendimentos – a participação de todos os associados nas decisões, a cada cabeça correspondendo um voto e a eleição direta dos responsáveis por setores de atividade pelos trabalhadores, com mandato limitado no tempo e direito restrito de recondução. Mas, a forma como esses princípios se aplicam à realidade de cada EES é decidida pelos trabalhadores, no enfrentamento da conjuntura, mediante um processo de tentativa e erro. Não há um modelo único e por isso a autora afirma que o trabalho é concebido como prática e como princípio educativo. A cada momento, a cooperativa enfrenta novos desafios e o modo como ela os enfrenta e quase sempre os supera constitui mais uma lição que os trabalhadores aprendem em sua incessante construção da autogestão.

Apesar da solidariedade entre os trabalhadores ser a norma suprema da economia solidária, "esses momentos [de tomada de decisões] não estão isentos de tensão, contradições e até mesmo de conflitos. (...) Desse modo, frente a situações de tensão, os trabalhadores da cooperativa costumam utilizar o sorteio como forma de evitar o conflito e chegar a uma decisão. Mesmo que aparentemente simplista, essa estratégia acaba sendo 'democrática' porque não privilegia a posição de alguns em detrimento dos demais e respeita o direito de todos". (p. 92).

Como os diversos tipos de trabalho na COOLABORE não são idênticos e alguns são preferíveis a outros, uma forma engenhosa de evitar conflitos foi organizar a força de trabalho em cinco equipes, cada uma das quais executa todos os trabalhos em rodízio. Desse modo, cada trabalhador executa todo tipo de trabalho, do mais ao menos desejável, durante o mesmo lapso de tempo. "Referindo-se ao modo flexível como funciona o rodízio de funções na cooperativa, o entrevistado A esclarece: *"As vez tem uns que trocam né, trabalham no lugar... as vez tem um meio com pobrema, com dificuldade, trabalha no buraco, ô na caçamba, ai troca né, mas isso aí quando há interesse de um e de outro".* (p. 94)

Aqui, temos um exemplo concreto como a transformação do trabalho afeta os vínculos sociais entre os companheiros duma cooperativa. A ausência de hierarquia permite aos próprios trabalhadores criar procedimentos que façam com que reine justiça na distribuição do trabalho e, ao mesmo tempo, experimentem outros procedimentos para resolver situações devidas a problemas. Dessa maneira, a nova cultura do trabalho vai sendo constituída.

No enfrentamento dos desafios que se sucedem, "faz-se necessário que os trabalhadores adquiram tanto uma visão organizacional estratégica do negócio quanto uma compreensão sobre a importância de sua relação com o campo político (...). Por esse motivo, também deve buscar aliados e parceiros junto a entidades de apoio aos demais empreendimentos do setor e, principalmente, junto aos Fóruns. No caso da cooperativa em questão, junto ao Fórum dos Recicladores da região do *Vale do Sinos*, o qual constitui um importante espaço político onde, dentre outras, os trabalhadores discutem questões relativas ao complexo universo que os rodeia". (p. 105).

É óbvio que essa indispensável imersão da COOLABORE no campo político na busca de compreensão, de aliados e parceiros acarreta uma expansão dos vínculos sociais que unem seus trabalhadores a outros ativistas do campo da economia solidária, tanto no setor da reciclagem como nas entidades que dão apoio a EES em geral. Essa ampliação dos vínculos é a própria da economia solidária, que envolve as bases de seus empreendimentos não só no enfrentamento aos desafios próprios a cada um desses, mas nos desafios mais amplos enfrentados pelo país e de certa forma pela humanidade. Essa talvez seja a prova mais clara de que o objetivo geral da pesquisa tem base na realidade, pois a transformação nos vínculos familiares e sociais dos trabalhadores, a partir de sua inserção num Empreendimento Econômico Solidário, se dá continuamente à medida que seu EES particular se insere num movimento como o da economia solidária, que não para de se expandir e, portanto de se transformar.

A investigação realizada por Mª Isabel Rodrigues Lima permite vislumbrar processos de transformação que hoje estão ocorrendo em milhares de EES em todos os continentes e num número crescente de países. Daí a importância desta obra: seus resultados permitem entender mudanças cada vez mais necessárias face à exacerbação das crises do capitalismo e da crise ainda mais abrangente e profunda do meio ambiente. A solução dessas crises, que se somam e por isso se agravam, depende das conquistas que o povo simples vem alcançando na construção duma outra economia e outra sociedade, capaz de assegurar sustentabilidade, justiça e democracia. Entender como ele o consegue e como o processo transforma o povo simples em gente sábia e politicamente capaz, será cada vez mais importante. A contribuição do presente estudo monográfico para tal entendimento é relevante e ela ganha valor à medida que se torna cada vez mais urgente generalizar a transformação do trabalho, ao longo de sendas como a aberta pela COOLABORE, e iluminada por esta obra.

APRESENTAÇÃO

Eliana Perez Gonçalves de Moura

A Economia Solidária pode revolucionar os modos de viver e trabalhar nos tempos de hoje? Faz sentido no mundo atual uma proposta que se baseia nos princípios da autogestão, da cooperação e da solidariedade para orientar as práticas de produção e comercialização de bens e serviços? É possível conciliar interesses econômicos com ética, democracia e preservação ambiental? Essas são algumas das questões levantadas pela autora Maria Isabel Rodrigues Lima neste livro, o qual é resultado de seu trabalho investigativo submetido ao curso de Mestrado em Inclusão Social e Acessibilidade, defendido em 2010 sob minha orientação.

Assim, antes de prosseguir na apresentação desta obra, não posso deixar de mencionar que essa tarefa constitui, para mim, um agradável reencontro com a autora. Uma oportunidade para testemunhar o coroamento de uma jornada que se iniciou em 2008 e que, desde o processo de qualificação, sua proposta de investigação demonstrava ser um estudo de inequívoca relevância social e científica. De lá para cá, ainda que distanciadas pelas imposições da vida, permanecemos em relativa proximidade, vivendo um tipo especial de acompanhamento no qual, ainda que não nos encontrássemos regularmente, obtínhamos notícias uma da outra, constantemente. Evidentemente, esse tipo de acompanhamento - à distância, ocorreu porque permanecemos habitando o mesmo campo de interesse: as questões relativas à Economia Solidária. Nesse sentido, agradeço à Maria Isabel Rodrigues Lima o carinhoso convite para redigir a apresentação deste livro, tarefa que assumo com a mesma alegria e prazer que nos invade quando assistimos um/a filho/a lograr sucesso em seus propósitos.

Desse modo, retorno ao texto ressaltando que no seu conjunto, este livro quer apresentar ao/a leitor/a elementos de análise ainda pouco explorados no campo das investigações sobre Economia Solidária, na medida em que toma como foco privilegiado de problematização os vínculos sociais e humanos presentes no trabalho associado. Para tanto, no primeiro capítulo, dialogando com autores de referência da área, a autora inicia seu propósito fazendo uma análise do emprego e do trabalho na sociedade atual, demonstrando a incompatibilidade dos termos "emprego" e "trabalho" no seio da lógica capitalista. De acordo com as ponderações da autora, por se tratar de um modelo predatório, o capitalismo precisa ser superado em favor de uma proposta que privilegie as potencialidades do trabalho humano.

Desenvolvendo sua lógica argumentativa, no segundo capítulo, a autora retoma as origens históricas do movimento que se consolidou chamar de economia solidária, destacando suas principais características e seus princípios fundamentais: a autogestão e a solidariedade. Nesse momento do texto, a autora define o que são os empreendimentos econômicos solidários para apontar a economia solidária como o projeto que potencialmente pode oferecer possibilidades de superação do modelo capitalista.

Após ter construído os antecedentes históricos e teóricos necessários ao seu estudo, no terceiro capítulo, a autora enfrenta o desafio de abordar a temática dos vínculos humanos sob a perspectiva da psicologia no campo da economia solidária. Nesse sentido, Maria Isabel demonstra ousadia intelectual ao discorrer sobre vínculos sociais e vínculos familiares para apresentar sua original compreensão sobre como se dão as relações no âmbito do empreendimento econômico solidário investigado, o qual chamou de "coopetição". Esse constitui o ponto central do trabalho realizado pela autora neste livro: cunhar uma noção inovadora para designar uma dimensão da experiência humana que, geralmente, constitui a chave para a compreensão dos fenômenos que podem decretar o sucesso ou o fracasso de inúmeros empreendimentos de Economia Solidária.

Avançando em suas análises, no quarto capítulo, a autora aborda a temática da reciclagem do e no lixo por meio de um resgate histórico do movimento social que tornou visível a existência de empreendimentos de reciclagem de resíduos sólidos no estado do Rio Grande do Sul. Com esses elementos tomados como referências de contexto, a partir do quinto capítulo, a autora parte para a apresentação da pesquisa propriamente dita, trazendo uma extensa e detalhada apresentação da história da cooperativa investigada. Nesse sentido, é de relevante importância destacar a originalidade do delineamento metodológico adotado. Marcado pelo rigor e pela originalidade, a autora traz preciosas informações sobre seu percurso no campo empírico, os procedimentos de coleta do material, a análise do material empírico e, especialmente, como procedeu para a validação coletiva da análise do material.

Finalmente, no sexto capítulo, a autora apresenta suas análises, demonstrando como é possível ocorrer um outro trabalho no entremeio dos vínculos familiares e sociais. Esses apontamentos oferecem elementos para refletirmos sobre as questões anteriormente levantadas. Além disso, as análises deste livro trazem provocações para campos do conhecimento que precisam ser inseridos na discussão sobre a Economia Solidária enquanto objeto de estudos. Mas, não apenas isso, as análises da presente obra trazem novas perspectivas para todos aqueles que, por meio de uma ação "militante", pretendam contribuir para o avanço e a consolidação da Economia Solidária como uma outra proposta de viver e produzir.

Por fim, as questões levantadas neste estudo também podem auxiliar o leitor "leigo" a vislumbrar possibilidades para recriar sua própria vida instaurando, ainda que no microespaço de suas relações, modos de vida éticos e mais democráticos baseados em vínculos sociais e familiares pautados pela solidariedade, pela cooperação e pelo respeito às diferenças.

Novo Hamburgo, Outubro de 2012.

SUMÁRIO

INTRODUÇÃO 21

1 - O EMPREGO E O TRABALHO NA SOCIEDADE CAPITALISTA . . . 25

2 - ECONOMIA SOLIDÁRIA 30

    2.1 Origens Históricas 31
    2.2 Características da Economia Solidária 33
    2.3 Princípios Fundamentais da Economia Solidária:
        Autogestão e Solidariedade 37
    2.4 Empreendimentos Econômicos Solidários 40

3 - VÍNCULOS 44

    3.1 Vínculos Sociais 48
    3.2 Vínculos Familiares 50
    3.3 Coopetição 51

4 - A RECICLAGEM DO/NO "LIXO" 53

    4.1 Empreendimentos de Reciclagem de Resíduos no
        Rio Grande do Sul 59

5 - A PESQUISA EM UM EMPREENDIMENTO DE RECICLAGEM . . 61

    5.1 Histórico da Cooperativa Coolabore 61
    5.2 Delineamento Metodológico 63
    5.3 O Início do Percurso no Campo Empírico 66

5.4 Procedimentos de Coleta do Material 67
5.5 Análise do Material Empírico 69
5.6 Validação Coletiva da Análise do Material Empírico 71

6 – ENTRE VÍNCULOS FAMILIARES E SOCIAIS OUTRO TRABALHO ACONTECE 73

6.1 Vínculos familiares. 74

    6.1.1 Financeiro/Renda................................75
    6.1.2 "Levar problema para casa" 78
    6.1.3 Atitude 79

6.2 O trabalho coletivo reciclando vínculos familiares e sociais. .82

    6.2.1 A transição do trabalho assalariado para o trabalho coletivo 83
    6.2.2 A construção da autogestão – uma caminhada constante. 90
    6.2.3 Planejamento 96
    6.2.4 Transparência................................... 98
    6.2.5 Mercado 102
    6.2.6 Aprendizagem 106

6.3 Vínculos sociais 114

    6.3.1 Amigos/colegas de trabalho 115
    6.3.2 Bairro/vizinhos 128
    6.3.3 Comunidade e PEV 132
    6.3.4 Coopetição 138

CONSIDERAÇÕES FINAIS 145

REFERÊNCIAS...................................... 148

LISTA DE ILUSTRAÇÕES

APÊNDICE A Aspectos observados
APÊNDICE B Questões norteadoras para entrevista
APÊNDICE C 1º Diagrama Ilustrativo das Categorias e Subcategorias
APÊNDICE D 2º Diagrama Ilustrativo das Categorias e Subcategorias

ANEXO A Termo de Consentimento Livre e Esclarecido – TCLE
ANEXO B Planilha representativa do faturamento mensal
ANEXO C Panfleto de divulgação projeto PEV

LISTA DE ABREVIATURAS E SIGLAS

ANTEAG	Associação Nacional de Trabalhadores e Empresas de Autogestão
BNDES	Banco Nacional de Desenvolvimento Econômico e Social
CAMP	Centro de Assessoria Multiprofissional
EES	Empreendimentos Econômicos Solidários
FATES	Fundo de Assistência Técnica Educacional e Social
FBES	Fórum Brasileiro de Economia Solidária
INSS	Instituto Nacional do Seguro Social
PEV	Ponto de Entrega Voluntária
PEVs	Pontos de Entrega Voluntária
SENAES	Secretaria Nacional de Economia Solidária
TCLE	Termo de Consentimento Livre e Esclarecido

INTRODUÇÃO

Analisando o cenário político, econômico e social que escancara a redução do emprego industrial e a reestruturação produtiva, que resultam na exclusão de milhares de trabalhadores, os quais são desafiados a romper com a lógica do trabalho assalariado, urge pensar em alternativas que vão além da banal sobrevivência, mas que possibilitem recriar espaços dignos de vida.

Nessa perspectiva, a economia solidária se apresenta como uma alternativa, pois propõe formas de trabalho que, escapando do modelo capitalista, fomenta o estabelecimento de relações de trabalho menos autoritárias e dependentes. Além disso, a economia solidária provoca reflexão sobre as formas de organização do trabalho e visa gerar transformações nas configurações existentes através da construção de Empreendimentos Econômicos Solidários (EES), os quais buscam promover a inclusão de trabalhadores que, muitas vezes, foram excluídos do mercado de trabalho.

Movida por essas questões, procura-se aprofundar a compreensão sobre esse tema no curso de Mestrado em Inclusão Social e Acessibilidade, inserida na Linha de Pesquisa "Políticas Públicas e Inclusão Social", onde a autora desenvolveu seus estudos sobre os processos de inclusão social e as práticas sociais mediadas pelo trabalho. Desse modo, construiu-se essa investigação, que visa pesquisar um EES, entendido como uma forma de inclusão social dos trabalhadores.

Por acreditar na variedade de formas que o trabalho pode assumir, imbuída pela trajetória profissional, e marcada por experiências em diferentes contextos (indústrias, escolas e associações) onde se observou que as relações são a base para qualquer ação, decidiu-se mergulhar no campo da economia solidária e investigar como se dão os vínculos familiares e sociais dos trabalhadores no contexto de um EES.

Dentre os EES existentes na região do *Vale do Sinos*, optou-se por realizar a pesquisa em uma cooperativa de reciclagem denominada COOLABORE, situada no município de Campo Bom, na região do *Vale do Sinos*/RS. Essa cooperativa ainda não havia sido pesquisada, configurando-se como uma experiência nova para os cooperados.

Levando em conta que, sob o ponto de vista econômico, a adesão a EES tem provocado importantes mudanças na vida dos trabalhadores, é possível supor que, sob o ponto de vista das relações interpessoais, também ocorram mudanças. A literatura tem demonstrado que a experiência do trabalho associativo altera a trajetória de subordinação e exploração, à qual, historicamente, tais trabalhadores estiveram submetidos, pois lhes convoca a serem mais ativos e desenvolverem novas atitudes e relações. Assim, pode-se supor que essa transformação da experiência repercute sobre seus vínculos familiares e sociais.

Nesse sentido, a proposição desta investigação partiu do pressuposto de que a experiência de trabalho coletivo, inspirado nos princípios da economia solidária, pode produzir transformações nos vínculos familiares e sociais dos trabalhadores que participam de empreendimentos dessa natureza. Desse modo, desenvolveu-se a pesquisa, tendo como problema de investigação a seguinte questão: a participação em um EES transforma os vínculos familiares e sociais dos trabalhadores?

O objetivo geral da pesquisa visa investigar os vínculos familiares e sociais de participantes de um EES. Especificamente, busca descrever os vínculos que se estabelecem entre os trabalhadores que atuam na referida cooperativa, analisar as possíveis transformações nos vínculos familiares e sociais desses trabalhadores a partir de sua inserção no EES e, finalmente, identificar se ocorrem relações de coopetição entre esses trabalhadores.

A citada pesquisa constitui um estudo de caso do tipo qualitativo, utilizado-se como procedimentos de coleta do material, as técnicas da observação participante e da entrevista semiestruturada, associadas aos registros em diário de campo. Para o processo de análise, o material foi submetido à triangulação metodológica e, posteriormente, à técnica da Análise de Conteúdo.

A relevância deste estudo se expressa de modo inversamente proporcional à escassez de investigações que, no campo da economia solidária, problematizam a temática dos vínculos familiares e sociais dos trabalhadores. Em decorrência disso, justifica-se a realização desta pesquisa na medida em que pode contribuir para a produção do conhecimento científico desta área, trazendo maior inteligibilidade sobre as relações de trabalho que ocorrem no universo da economia solidária e suas repercussões sobre os vínculos familiares e sociais. Nas páginas seguintes, são apresentadas considerações sobre o emprego e o trabalho nos moldes capitalistas, sugerindo a economia solidária como outra possibilidade de organizar o trabalho de forma coletiva, cooperativa, solidária e humana. A seguir, descrevem-se as características da economia solidária e dos EES para, então, abordar os vínculos e as relações de coopetição.

Com o intuito de situar o leitor no contexto da reciclagem, no capítulo 4, traça-se um rápido panorama sobre o setor da reciclagem no Brasil e no Rio Grrande do Sul. Em seguida, no capítulo 5, apresenta-se a cooperativa estudada, o delineamento metodológico, os procedimentos de coleta e análise do material adotado na pesquisa. O capítulo 6 apresenta a análise desenvolvida, bem como algumas evidências que permitiram, no confronto entre material empírico e referências teóricas, extrair conclusões sobre como se configuram os vínculos na referida cooperativa. Finalmente, são tecidas considerações acerca do objeto de estudo, sugerindo contribuições para pesquisas futuras.

Nota do Editor: *A partir do capítulo 4 desta obra, as citações em itálico representam falas de entrevistados transcritas de forma literal. Com isso, a autora tem o intuito de transmitir ao leitor mais vivacidade e originalidade, dando a impressão de que se estaria escutando os entrevistados de forma real.*

1 - O EMPREGO E O TRABALHO NA SOCIEDADE CAPITALISTA

A atual conjuntura política, econômica e social mundial evidencia a grande insegurança dos trabalhadores quanto à manutenção de seus postos de trabalho. Cada vez mais, o cotidiano dos trabalhadores mostra-se repleto de incertezas, fazendo-os sentirem cada final de expediente como mais um dia "ganho", afastando por mais vinte e quatro horas o fantasma da demissão.

O temor pelo desemprego se alastra entre os trabalhadores, na medida em que, desde a emergência das sociedades capitalistas industrializadas, os trabalhadores sempre foram formados (ou deformados) para o trabalho assalariado. Sem ele, o trabalhador sente-se sozinho, sem referências, inútil para o mundo. Conforme assinala Tedesco (2001, p. 11) "perder o emprego hoje, é mais do que ficar sem trabalho, é perder significados profundos, ontológicos do ser humano".

Para Singer (2003), esse cenário demonstra a fragilidade do tradicional modelo capitalista de relação de trabalho, o qual se caracteriza pela desestabilização, pela precarização e pelo desemprego: "ameaças que [...] se fazem onipresentes para o conjunto da sociedade" (CASTEL, 1998, p. 17). São essas ameaças que levam os trabalhadores a sujeitarem-se a ocupações mal remuneradas, abdicando de seus direitos sociais para garantirem sua sobrevivência (SINGER, 2003). Vivemos um tempo em que:

> Ter um emprego em que seja possível gozar os direitos legais e fazer carreira passou a ser privilégio de uma minoria. [...] Na realidade, pela pressão do desemprego em massa, a situação dos trabalhadores que continuaram empregados também piorou: muitos foram obrigados a aceitar a "flexibilização" de seus direitos e a redução de salários diretos e indiretos. Sobretudo a

> instabilidade no emprego se agravou, e a competição entre os trabalhadores dentro das empresas para escapar da demissão deve ter se intensificado (SINGER, 2002, p. 110).

O desaparecimento vertiginoso dos empregos no sistema capitalista, mais do que nunca, instiga uma acirrada competição entre os que têm emprego e os que não têm, ou entre os "de dentro" e os "de fora" do mercado de trabalho formal.

Antunes (2007) afirma que é a partir do trabalho, em sua cotidianidade, que o homem torna-se um ser social, distinguindo-se de todas as formas não humanas. Tomando por base Lukács, o qual salienta que através do trabalho ocorre uma dupla transformação entre ser humano e natureza, pois, ao trabalhar, o homem transforma a natureza e, ao mesmo tempo, se transforma pelo trabalho. Nessa mesma linha, Arroyo (1997) afirma que o homem, ao fazer, se faz, pois é nas relações de trabalho e de trocas que realiza suas potencialidades.

Para Castel (1998, p. 18) "o trabalho permanece como referência dominante não somente economicamente como também psicológica, cultural e simbolicamente, fato que se comprova pelas reações daqueles que não o tem". Dessa maneira, para o ser humano, a necessidade de trabalhar representa muito mais do que a mera sobrevivência: representa, principalmente, seu reconhecimento social através da sua inserção no universo do trabalho. Esse é o modo como se tem entendido a importância do trabalho na vida das pessoas: como uma oportunidade de reconhecimento não apenas pelo que fazem, mas também o reconhecimento de suas subjetividades.

O problema é que, no âmbito do sistema capitalista, essa compreensão não parece ser compatível com a lógica da lucratividade, que defende a homogeneização das pessoas impondo padrões de referência calcados na competitividade e baseados numa concepção de indivíduo isolado, situado em um "vácuo" social.

A lógica capitalista desconsidera o contexto histórico e social. Como refere Antunes (2007), as forças produtivas e as relações sociais – aspectos diversos do desenvolvimento humano – frente ao capital são consideradas unicamente como meios para produzir, reforçando a exploração dos trabalhadores. Conforme Arnsperger e Parijs (2003), a exploração é inerente ao capitalismo, pois os capitalistas só têm interesse em pôr os meios de produção à disposição dos trabalhadores se puderem obter deles um lucro razoável.

Nesse sentido, o processo de globalização crescente, o fortalecimento das grandes corporações, a competição acirrada no meio empresarial e, mais recentemente, a instabilidade nos mercados financeiros mundiais ocasionaram a extinção de muitas empresas que não conseguiram acompanhar o novo padrão de concorrência.

Esse processo, que consolidou o modelo e a visão capitalista, produziu o gradativo aumento das grandes potências empresariais, resultando no aumento da exploração e da precarização do trabalho, que se manifesta por meio de empregos temporários, terceirizados e flexíveis. Sendo assim:

> [...] dados e tendências evidenciam uma nítida redução do proletariado fabril, industrial e manual, especialmente nos países de capitalismo avançado, quer em decorrência do quadro recessivo, quer em função da automação, da robótica e da microeletrônica, gerando uma monumental taxa de desemprego estrutural (ANTUNES, 2007, p. 52).

Essa situação gerou, segundo Antunes (2007), de um lado a formação de trabalhadores polivalentes e multifuncionais da era informacional e, de outro, uma massa de trabalhadores precarizados, sem qualificação, que vivem de empregos temporários ou estão desempregados. Esses dois polos, embora distantes, coexistem em um mesmo ambiente e, mesmo que não dialoguem entre si, estão ali presentes.

Portanto, a engrenagem capitalista enquadra os trabalhadores em "aptos" ou "inaptos", na medida em que aumenta as exigências de qualificação e descarta os que supostamente não possuem atributos que os classifiquem como supercapazes, super-homens ou semideuses. Isso reforça a condição de subordinação dos trabalhadores, pois os obriga a "submeterem--se" para manterem seu emprego e não serem "carimbados como inaptos".

Antunes (2007) enfatiza que, na sociedade capitalista, o trabalho é degradado, aviltado, pervertido e depauperado, pois a força de trabalho torna-se uma mercadoria em vez de ser uma forma humana de realização das pessoas. No sistema capitalista, a supremacia do lucro dita as regras, utilizando mecanismos para alinhar os trabalhadores de forma a obter mais lucro com menos custo, o que gera um aumento do número de tarefas para os que estão empregados e, ao mesmo tempo, um decréscimo dos salários oferecidos no mercado. Assim, ocorre a venda da força de trabalho mediante o pagamento de um salário que sustenta as relações de subordinação e submissão dos trabalhadores e incentiva mecanismos de dominação.

Kuenzer (2002) afirma que, de forma implícita, o trabalhador é educado para aceitar sua função, seu salário e ainda ser agradecido à empresa pelos serviços que coloca à disposição dos trabalhadores (como, por exemplo, creche, assistência médica etc.).

Desse modo, Schwartz (2007) adverte que o "estatuto do assalariado" é um estatuto submisso que condiciona as pessoas à subordinação, só lhes restando executar a "cartilha" da empresa. Esse "estatuto" sustenta-se sobre uma engrenagem de dominação que, cada vez mais, ganha força em virtude da escassez de empregos, pois as pessoas necessitam de uma "colocação", de um lugar para se sentirem inseridas no contexto social através de um emprego, mesmo que isso implique docilizar seus corpos e afetos.

Segundo Gomez et al. (1989), no regime capitalista, desenvolveu-se um processo de dominação do homem em suas dimensões físicas, fisiológicas, de seu tempo e espaço, de sua vontade e desejos, e de seus estímulos e motivações, para adequá-lo à produção, exigindo do trabalhador obediência, adaptação, esforço, muita transpiração e, ainda, uma adesão cega, sustentada no discurso do "vestir a camisa da empresa". Durand (2000) refere que o problema não está em vestir a camisa, mas em precisar despir-se de si.

A exigência de uma "nudez subjetiva" pode ser considerada uma "agressão", muitas vezes velada, a qual visa suprimir diferenças, vontades, gostos e desejos, ou seja, pretende descolar dos trabalhadores aquilo que os constitui e os liga em uma sociedade de humanos. Sob essa perspectiva, é possível apontar os efeitos deletérios do sistema capitalista sobre os trabalhadores, pois:

> Considerando o lugar dedicado ao trabalho na existência, a questão é saber que tipo de homens a sociedade fabrica através da organização do trabalho. Entretanto, o problema não é, absolutamente, criar novos homens, mas encontrar soluções que permitiriam pôr fim à desestruturação de um certo número deles pelo trabalho (DEJOURS, 1992, p. 139).

Seguindo esse raciocínio, concorda-se com Cattani (2003), quando afirma que a economia capitalista precisa ser superada, pois, sob todos os aspectos, ela é predatória, exploradora, desumana, não dando conta da gama de potencialidades do tempo presente. É preciso construir outros modos de trabalhar, germinados de forma coletiva, enquanto práxis criativa, de modo que os trabalhadores possam reconhecer e desenvolver seus potenciais e suas habilidades, sendo mais que uma "célula da produção". Ou seja, sentindo-se inteiros e fazendo parte de um todo, de um coletivo maior.

2 - ECONOMIA SOLIDÁRIA

A economia solidária apresenta-se como uma proposta de trabalho e de vida que visa transpor a lógica capitalista e estabelecer relações cooperativas e solidárias, considerando o contexto socioambiental e, fundamentalmente, resgatando a dimensão humana. Trata-se de uma alternativa diante das fragilidades apresentadas pelo sistema capitalista, a qual propõe outras formas de desenvolvimento econômico e social, que vão além do modelo do trabalho assalariado.

Para Cattani (2003, p.11), "as alternativas na esfera produtiva contemporânea são múltiplas, complexas e controversas". Nesse sentido, a Economia Solidária emerge como "uma proposta diferenciada do padrão ideológico hegemônico por promover o desenvolvimento econômico e social de forma indissociável" (LEBOUTTE, 2005, p. 241).

Leboutte (2005) defende um desenvolvimento solidário, que seja protagonizado por todos e que beneficie necessariamente a todos. Para o referido autor, a quantidade de trabalhadores envolvidos nessa forma de desenvolvimento vem aumentando progressivamente. Mesmo que, individualmente, essas iniciativas tenham resultado econômico pouco representativo, o conjunto delas passa a ter uma importância econômica, social e política bastante considerável.

2.1 Origens Históricas

As origens históricas nos mostram que a economia solidária resgata as lutas dos trabalhadores no início do século XIX, sob a forma de cooperativismo, que servia como manifestação contra o avanço avassalador do capitalismo industrial.

> Ao fazermos um resgate histórico das experiências solidárias e autogestionárias, verificamos que, na história do capitalismo, sempre existiram movimentos sociais dos trabalhadores organizados ou espontâneos de resistência aos modelos de concentração da renda e do poder (EID; PIMENTEL, 2005, p. 132).

Segundo a Secretaria Nacional de Economia Solidária (SENAES)[1], no Brasil, a economia solidária ressurge no final do século XX como resposta dos trabalhadores às novas formas de exclusão e exploração no mundo do trabalho, visto que a mesma preconiza um desenvolvimento solidário, que é concebido tendo em vista não excluir (SINGER, 2005).

Portanto, a economia solidária "resulta de movimentos sociais que reagem à crise do desemprego em massa em 1981 e se agrava com a abertura do mercado interno às importações, a partir de 1990" (SINGER, 2003, p. 25).

De acordo com a SENAES, o aprofundamento dessa crise abriu espaço para o surgimento e o avanço de outras formas de organização do trabalho, consequência, em grande parte, da necessidade de os trabalhadores encontrarem alternativas de geração de renda.

Conforme Leboutte (2005, p. 241):

> Um conjunto cada vez mais numeroso de trabalhadores tiveram que desenvolver suas próprias formas de sobrevivência, lançando mão de muito esforço, criatividade e senso de oportunidade – muitas vezes informais – de produção econômica.

---

[1] Essa Secretaria foi criada pelo Governo Federal em 2003, com a finalidade de promover o fortalecimento e a divulgação da economia solidária mediante políticas integradas, visando à geração de trabalho e renda, à inclusão social e à promoção do desenvolvimento justo e solidário.

Nos últimos anos, a economia solidária vem se consolidando como uma alternativa de geração de trabalho e renda, uma resposta a favor da inclusão social. Segundo informações divulgadas pela SENAES, a economia solidária compreende uma diversidade de práticas econômicas e sociais, organizadas sob a forma de cooperativas, associações, clubes de troca, empresas autogestionárias, redes de produção, entre outras formas de organização, que realizam atividades de produção de bens, prestação de serviços, finanças solidárias, trocas, comércio justo e consumo solidário.

Para Singer (2005, p. 140), "a economia solidária, no Brasil, hoje, é uma resposta defensiva de pessoas vitimadas por uma crise", as quais buscam experiências coletivas de trabalho e produção que estão se disseminando nos espaços rurais e urbanos.

No Brasil, a economia solidária se expandiu a partir de instituições e entidades que apoiavam iniciativas associativas comunitárias e pela constituição e articulação de cooperativas populares, redes de produção e comercialização, feiras de cooperativismo e de economia solidária, etc.

É importante ressaltar que, no Brasil, o universo da economia solidária caracteriza-se por ser abrangente e diversificado. Conforme afirmam França Filho e Laville (2004, p. 166), "além de variadas formas cooperativas, [existem] diversas modalidades de formas associativas, e outros tipos organizacionais como fundações e algumas entidades de fomento, atuando em âmbitos muito diversos".

Atualmente, a economia solidária tem se articulado em vários fóruns locais e regionais, espalhados pelo território brasileiro, resultando na criação do Fórum Brasileiro de Economia Solidária (FBES). Assim como vem recebendo crescente apoio de governos municipais e estaduais, a SENAES destaca que o número de Programas de Economia Solidária tem aumentado, promovendo intercâmbio e movimento dos gestores públicos para incentivar a troca de experiências e o fortalecimento das políticas públicas de economia solidária.

2.2 Características da Economia Solidária

A economia solidária apoia-se sobre formas plurais de trabalho e tem como pilar a cooperação, a democracia, a solidariedade, a autogestão, o respeito à natureza, a valorização do saber local, da aprendizagem e do trabalho humano, assim como o desenvolvimento sustentável. Sugere um jeito diferente de produzir, vender, comprar e trocar sem destruir o meio ambiente e fortalecendo o grupo, cada um pensando no bem de todos e no próprio bem.

De acordo com a SENAES, a economia solidária passou a ser definida como o conjunto de atividades econômicas – de produção, distribuição, consumo, poupança e crédito – organizadas sob forma de autogestão.

Segundo Arruda (2003), a economia solidária é denominada de várias formas, tais como: economia social, socioeconomia solidária, economia popular, economia do trabalho, humanoeconomia, entre outras.

Mas, para esse autor, o que importa é que:

> Todas são práticas fundadas em relações de colaboração solidária, inspirada por novos valores culturais que colocam o ser humano, e não o capital e sua acumulação, como sujeito e finalidade da atividade econômica (ARRUDA, 2003; p. 235).

Coraggio (2001) designa economia do trabalho como aquelas ações que se baseiam na troca e constituem-se como um sistema alternativo, com outras regras, outras relações de poder mais democráticas, outros valores e outro sentido estratégico: a otimização da reprodução ampliada da vida de todos, supondo níveis de diálogo e cooperação, decisões coletivas, reconhecimento das necessidades e de estratégias para a gestão coletiva.

Segundo a SENAES, a economia solidária se distingue por três características básicas: a cooperação, a qual envolve a existência de interesses e objetivos comuns; a união dos esforços e das capacidades, a propriedade coletiva de bens, a partilha dos resultados e a responsabilidade solidária; a autogestão, que compreende as práticas participativas, nas quais os participantes das organizações decidem sobre os processos de trabalho, as definições estratégicas e cotidianas dos empreendimentos, a direção e coordenação das ações em seus diversos graus e interesses, etc., sendo que os apoios externos recebidos – de assistência técnica e gerencial, de capacitação e assessoria – não devem substituir nem impedir o protagonismo dos verdadeiros sujeitos da ação. Como terceira característica da economia solidária, a solidariedade, que se refere a uma cultura que deve orientar as práticas participativas e que se expressa em diferentes dimensões, como, por exemplo, na justa distribuição dos resultados alcançados, nas oportunidades que levam ao desenvolvimento de capacidades e da melhoria das condições de vida dos participantes, no compromisso com um meio ambiente saudável, nas relações que se estabelecem com a comunidade local, na participação ativa nos processos de desenvolvimento sustentável, nas relações com os outros movimentos sociais e populares de caráter emancipatório, na preocupação com o bem-estar de trabalhadores e consumidores e no respeito aos direitos dos trabalhadores.

Essas características da economia solidária devem contemplar a agregação de esforços e recursos pessoais além de outras organizações para produção, beneficiamento, crédito, comercialização e consumo, envolvendo um conjunto de elementos de viabilidade econômica e os aspectos culturais, ambientais e sociais.

Considerando essas características, a economia solidária aponta para uma nova lógica de desenvolvimento sustentável com geração de trabalho e distribuição de renda, mediante um crescimento econômico com proteção dos ecossistemas. Ou seja, implica na reversão da lógica capitalista ao se opor à exploração do trabalho e dos recursos naturais, valorizando o ser humano em sua integralidade (SENAES).

Pagotto (2005) corrobora com essa compreensão ao salientar que a economia solidária é uma possibilidade de construir um modelo econômico que se relaciona com a construção de uma sociedade livre, no qual se busca desenvolver espaços de liberdade mediante a solidariedade, a cooperação, a ajuda mútua que, em sua dinâmica, encadeie elementos de rupturas com as relações econômicas capitalistas. Enfatiza, assim, o resgate dos valores solidários, cooperativos e humanistas e das práticas locais e comunitárias por meio de ações educativas e morais,[2] cujas ações implicam

---

2 Por "moral" entende-se um conjunto de valores e regras de ação propostas aos indivíduos e aos grupos por intermédio de aparelhos prescritivos diversos, como

em promover a libertação do homem da lógica individualista. Nas palavras de Arruda (2003, p. 237), a economia solidária:

> É um sistema socioeconômico aberto, fundado nos valores da cooperação, da partilha, da reciprocidade e da solidariedade, e organizado de forma autogestionária a partir das necessidades, desejos e aspirações da pessoa, comunidade, sociedade e espécie, com o fim de emancipar sua capacidade cognitiva e criativa e libertar seu tempo de trabalho das atividades restritas à sobrevivência material, de modo a tornar viável e sustentável seu desenvolvimento propriamente humano, social e de espécie.

Para tanto, é preciso muito esforço, dedicação e persistência para concretizar esses pressupostos. Visto que a economia solidária se caracteriza como uma economia centrada no trabalho e não na acumulação do capital, esse assume uma lógica própria, a qual, segundo Coraggio (2001, p. 22, tradução nossa) constitui a lógica "da reprodução ampliada da vida de todos [que resulta em] sociedades mais igualitárias e democráticas".

Assim, pode-se perceber a amplitude do campo da economia solidária. Segundo pesquisa do Centro de Assessoria Multiprofissional (CAMP), esse campo compreende parte das microrrelações sociais, que vão desde as relações de trabalho até as relações com a natureza, incluindo todos os atos de consumo e produção. O ideal é que, nesse espaço, os novos valores sejam vividos de forma permanente e integral, porque essa realidade é permanente e envolve a totalidade da pessoa (SINGER, 2002).

Com efeito, este é o desafio que se coloca às propostas de trabalho solidário: oportunizar uma prática econômica que, além da sobrevivência material, oportunize a instauração de um sujeito pleno, cuja dimensão (humana) se reconstrói continuamente, através da interpenetração de fluxos de necessidades, de desejos e de uma vasta gama de sentimentos, ações e vivências.

Ao operar a ressignificação da lógica capitalista, a economia solidária instaura outros lugares, gera oportunidades e possibilidades para as

---

podem ser as famílias, as instituições educativas, as igrejas etc. (MARCONDES, 2007, p. 146).

pessoas se integrarem no tecido social, não se submetendo a um único modelo de atuação e trabalho. Dessa forma, na medida em que diversas iniciativas autônomas se realimentam, gerando novos espaços e "oxigenando" o sistema socioeconômico, criam-se condições sociais concretas para acolher essa diversidade. Trata-se de uma sensibilização para, segundo Tedesco (2001), perceber as experiências da economia solidária, reconhecendo-as como manifestação da sociedade, como inventividades, estratégias produzidas de baixo para cima e de extrema importância para os novos formatos sociais que se constituem no presente.

Nesse sentido, Arroyo e Schuch (2006) salientam que a economia solidária tem o desafio de ser germinada, brotada de dentro para fora, de baixo para cima, aberta para o mundo, mas com identidade própria, em que o eixo é o equilíbrio, a distribuição e a justiça.

Consequentemente, para a concretização de práticas solidárias, mais do que suporte técnico e financeiro, é preciso o desenvolvimento de um processo educativo, enquanto mecanismo de difusão de valores cooperativistas, para que ocorra o fortalecimento da cultura da solidariedade. Contudo, trata-se de uma educação que ocorre além dos muros da escola, visto que se estende a diversos espaços, gestados, promovidos e reinventados pelos próprios protagonistas da economia solidária. Salienta-se que a possibilidade de reinventar e mudar paradigmas, depende do reconhecimento da cultura proveniente das comunidades, a qual pode contribuir para o resgate dos valores solidários e propor novas formas de trabalhar, onde o trabalho associado ganhe espaço.

Segundo Singer (2002), para uma ampla faixa da população, construir uma economia solidária depende primordialmente dela mesma, de sua disposição de aprender e de experimentar, de sua adesão aos princípios da solidariedade, da igualdade e da democracia, e de sua disposição para seguir esses princípios na vida cotidiana, entre outros fatores.

Os princípios da economia solidária possibilitam a construção de outras formas de relação, pois produzem modos distintos de se inserir e se apropriar do trabalho, possibilitando a construção de uma cultura autogestionária, que exige relações diferenciadas das encontradas sob o modo de produção capitalista. A mudança nas relações altera o sistema de trabalho, na medida em que, conforme Pinto (2006), o fator trabalho só alcança centralidade se o próprio trabalhador assumir o processo produtivo e a gestão, ou seja, se existir autogestão.

Para o referido autor (p. 40), "o trabalho deixaria de ser visto como meio, sendo assumido também como um fim em si, tornar-se-ia ele próprio um bem". Ou seja, o processo produtivo se voltaria menos para a "rentabilidade do capital" e mais para a "rentabilidade do trabalho".

Essa visão do processo produtivo, em que a ênfase é colocada no trabalho e não exclusivamente no capital, constitui o grande diferencial das iniciativas de economia solidária. Nesse prisma, o trabalhador assume a autoria do seu trabalho, do seu fazer, pois infere, interfere, constrói e acompanha o desenvolvimento do trabalho, além de se preocupar com a comercialização dos produtos que resultam de suas atividades laborais. Isso demonstra uma forma de inclusão efetivamente ativa no universo do trabalho.

2.3 Princípios Fundamentais da Economia Solidária: Autogestão e Solidariedade

Conforme mencionado anteriormente, a economia solidária tem como escopo a autogestão, a cooperação, a democracia, a solidariedade, a participação e a autonomia, sendo que a autogestão e a solidariedade constituem dois princípios fundamentais.

Ao resgatar a origem do vocábulo "autogestão", Cedeño (1999) afirma que, em seu sentido inicial, referia-se à tomada das fábricas por parte dos operários, que aboliam, assim, a separação de funções entre donos, administradores e trabalhadores ao diluírem o poder entre eles e participarem conjuntamente na tomada de decisões.

Dessa forma:

> A autogestão surge como um modelo de gestão alternativa, que penetra nos campos das práticas sociais e políticas, frente a uma estrutura social, político e econômica sustentada na exploração, na alienação e na desigualdade de classes (MARTINS; SGUAREZI; LUCONI JUNIOR, 2009, p. 68).

De acordo com Singer (2005, p. 138), "a autogestão é a fórmula de introduzir a democracia no mundo econômico". É através da democracia que os trabalhadores buscam gerir os EES, com o intuito de que os resultados econômicos, políticos e culturais sejam compartilhados por todos os participantes, sem distinção de gênero, idade e raça.

Nos empreendimentos capitalistas, a gestão constitui uma prerrogativa do capital, onde o poder dos trabalhadores limita-se à execução das tarefas que lhes são atribuídas, sem possibilidade de escolha. Ao contrário, segundo Singer (2005), a economia solidária defende a autogestão, porque entende que o conjunto daqueles que trabalham na empresa pode, democraticamente, geri-la, sem que haja divisão entre alguns poucos que tudo podem, e muitos que somente cumprem tarefas em troca de salário.

Com o processo de autogestão, o trabalho assume outro sentido, para além do sustento e da necessidade, instaurando novas práticas e uma ética baseada em outros valores que permitem maior flexibilidade nas relações, admitindo outras direções que escapam do exclusivo objetivo do lucro. Quando o trabalho adquire esse outro significado, ocorre o estabelecimento de relações democráticas, onde cada trabalhador é "considerado como ente chave para o processo de instituição da autogestão" (GUARESCHI, 1996 apud CEDENO, 1999, p. 10).

Seguindo essa linha argumentativa, é possível afirmar que, através da autogestão, o trabalhador torna-se o centro do processo produtivo e da gestão, pois essa envolve sua participação sobre os objetivos e regras que balizam o trabalho e sobre os seus resultados, alavancando o desenvolvimento de todos e de cada um (COUTROT, 1999; TIRIBA, 2001 apud PINTO, 2006). Dessa maneira, a autogestão constitui um movimento que, a partir do trabalho, visa à construção de relações democráticas entre as pessoas, resgatando e valorizando a dimensão humana daqueles que convivem para produzir (MARTINS; SGUAREZI; LUCONI JUNIOR, 2009).

A implantação da cultura autogestionária demanda tempo e amadurecimento, pois muitos trabalhadores carregam em suas histórias de vida a impregnação do modelo de trabalho assalariado. Portanto, ao coletivizar-se, o trabalhador é instado a resgatar sua singularidade, abrindo-se para manifestações subjetivas que caracterizam cada ser como único, deixando expressar seus contornos aparentes e "vivos" em seus afazeres diários.

Assim, como protagonista da economia, o trabalhador torna-se "protagonista da sua história e desenvolvimento como pessoa, sociedade e espécie" (ARRUDA, 2003, p. 238). Trata-se de um protagonismo que se sustenta na condição de liberdade, a qual o referido autor resume como: "liberdade de ser E de criar, individual E coletivamente. Liberdade para ser plenamente EU-E-NÓS ao mesmo tempo" (ARRUDA, 2003, p. 240).

Do mesmo modo que a autogestão pressupõe, por um processo de construção, a solidariedade requer a formação de uma cultura solidária que, segundo Sequeiros (2000), apresenta quatro instâncias: a primeira refere-se às pessoas que valorizam uma ética baseada no diálogo e no encontro; a segunda é relativa aos diversos ambientes (espaços) – famílias, amigos, colegas de trabalho, organizações etc.; a terceira abrange o mercado, no que tange à transformação da não solidariedade, incentivada pelo capitalismo e, por fim, trata do papel do Estado em buscar a consolidação da democracia.

Tedesco (2001) compartilha dessa visão, ao propor que a solidariedade deve ser parte integrante do sistema econômico como um todo (produção, distribuição, consumo, serviços...), sendo essa proposta defendida pela economia solidária.

Para Razeto (2005), a solidariedade se caracteriza pela solidez da interação grupal, que leva a construir uma realidade solidária como um corpo sólido (algo consistente, denso, que não é líquido, nem gasoso); igualdade de situação e de compromisso ou obrigação em que se encontram as pessoas que solidarizam, sendo o relacionamento mediado por um vínculo de mutualidade, reciprocidade e participação em um coletivo ou comunidade; intensidade da união mútua, que constitui o grupo como algo forte, definido, estabelecido por razões fundamentais e verdadeiras; existência do caráter não ocasional, mas estável e permanente da coesão solidária.

Além disso, o referido autor destaca que a solidariedade envolve a partilha de sentimentos, opiniões, dificuldades, dores e propicia atuar de forma dependente, estabelecendo relações recíprocas entre as pessoas. Conforme atesta Ullmann (1993), através da solidariedade há mútua vinculação entre as pessoas, ou seja, ocorre um processo bilateral.

A esse respeito, Coraggio (2001) enfatiza que a solidariedade é uma dimensão muito importante da economia solidária, porque a qualidade de vida possível de ser alcançada depende não somente das capacidades e recursos materiais, mas da percepção do que é justo e possível. Segundo esse autor, solidariedade não implica igualdade, nem sequer equidade, mas regras de distribuição e algum tipo de acordo de reciprocidade, onde receber "obriga" a retribuir de algum modo. Essa relação de reciprocidade é crucial na perspectiva do trabalho coletivo, posto que a interdependência entre os trabalhadores gera resultados.

Nesse aspecto, Andrioli (2002) afirma que o trabalho associado, no qual um grupo de pessoas se organiza e, contando com acompanhamento e maior conhecimento à sua disposição, apresenta maior probabilidade de sucesso. É a ação solidária dos que se unem por possuírem o mesmo problema, por uma mesma necessidade, buscando um benefício comum.

Segundo Singer (2003), a solidariedade dos que enfrentam os mesmos problemas é o melhor caminho para que cada um tenha uma melhor compreensão e os enfrente, não na estreiteza e no confinamento do seu eu individual, mas numa forma nova de pensar e agir: a consciência do grupo e a forma de cooperação.

Considerando o exposto, é possível definir a economia solidária como uma forma ética, recíproca e cooperativa de consumir, produzir, intercambiar, financiar, comunicar, educar, desenvolver-se, que promove um novo modo de pensar e de viver.

2.4 Empreendimentos Econômicos Solidários

A economia solidária e seus princípios materializam-se, de fato, nos EES, onde se promove e, efetivamente, ocorre a participação dos trabalhadores para além da execução de suas funções e atribuições, desenvolvendo valores coletivos e assumindo outros papéis na sociedade. Conforme descrevem Arroyo e Schuch (2006, p. 63, grifo do autor):

> É a economia que se estabelece a partir da associação, da cooperação, da comunhão, tanto entre indivíduos para a constituição de empreendimentos coletivos como entre empreendimentos para obter saltos de competitividade, em estruturas em rede que também podem ser compreendidas como

empreendimentos coletivos. Então, começa a se fundir, a se misturar com outros valores com os quais a economia atual não dialoga.

Gaiger (2003, p. 135), acrescenta que:

> Os empreendimentos econômicos solidários compreendem as diversas modalidades de organização econômica, originadas da livre associação dos trabalhadores, com base em princípios de autogestão, cooperação, eficiência e viabilidade.

O referido autor (p. 139) complementa ainda:

> Uma qualidade importante dos empreendimentos solidários é o seu caráter multifuncional, sua vocação a atuar simultaneamente na esfera econômica, social e política, a agir concretamente no campo econômico ao mesmo tempo em que interpelam as estruturas dominantes.

Tomando por referência a definição proposta pela SENAES, Pinto (2006) afirma que são considerados EES as organizações que apresentam as seguintes características:

a) sejam organizações coletivas (associações, cooperativas, empresas autogestionárias, grupos de produção, clubes de trocas, etc.), suprafamiliares, cujos participantes são trabalhadores urbanos e/ou rurais, que exercem a gestão coletiva das atividades e da alocação dos seus resultados;

b) devem ser organizações permanentes (não são práticas eventuais);

c) podem dispor ou não de registro legal, prevalecendo a existência real ou a vida regular da organização;

d) realizam atividades econômicas de produção de bens, de prestação de serviços, de fundos de crédito (cooperativas de crédito e os fundos rotativos populares), de comercialização (compra, venda e troca de insumos, produtos e serviços) e de consumo solidário;

e) constituem organizações econômicas singulares (de diferentes graus ou níveis) ou complexas (tais como as centrais de associação ou de cooperativas, complexos cooperativos, redes de empreendimentos e similares).

Outro aspecto que também pode ser levado em conta para caracterizar os EES foi apontado por Tedesco (2001), e diz respeito a dois níveis de relacionamento que ali se estabelecem: o nível interno, que compreende o relacionamento entre os diversos membros do grupo, sua organização, administração, estrutura, distribuição de tarefas, execução, sobras e perdas, ou seja, aspectos relativos à democracia e à participação. E o nível externo, que se refere à relação do grupo com outros grupos, organizações e movimentos da sociedade como um todo e com as demandas sociais e o mercado.

Tratando-se do mercado, Gaiger (2003) salienta que os EES aglutinam indivíduos excluídos do mercado de trabalho, ou movidos pela força de suas convicções, à procura de alternativas coletivas de sobrevivência [...], valorizando o sentido da comunidade de trabalho e o compromisso com a coletividade social em que se inserem.

Além disso, é importante ressaltar que, conforme França Filho e Laville (2004), os EES promovem a existência de outras formas de trabalho atravessadas pela dinâmica da iniciativa, sendo que quatro aspectos podem ser destacados:

a) autogestão, que indica a autonomia de gestão do empreendimento e supõe a existência de mecanismos coletivos de decisão interna, incentivando a participação democrática de seus associados;

b) o princípio da reciprocidade, que é bem representado pelos "clubes de trocas", que se encontram fundados numa dimensão reciprocitária;

c) a sociabilidade comunitária, que se refere à tentativa de combinação singular entre a valorização das relações comunitárias e a afirmação do princípio da alteridade;

d) a finalidade multidimensional, que vai além da dimensão econômica, pois requer a internalização, por parte da organização, de uma dimensão social, cultural, ecológica e política (ou seja, se preocupa com questões que estão em seu entorno e com a sociedade).

Nesse sentido, Tedesco (2001, p. 31) salienta que "os empreendimentos econômicos solidários devem primar pela ecologia, pelo desenvolvimento e pela sustentabilidade, trazendo melhor qualidade de vida".

Enfim, a economia solidária "concretiza-se quando um coletivo predispõe-se à organização de empreendimentos solidários" (TEDESCO, 2001, p. 17). Portanto, cabe aos envolvidos com os processos de economia solidária incentivar e disseminar essas formas organizacionais que estimulam a cooperação e o trabalho coletivo, reforçando princípios solidários e éticos.

3 - VÍNCULOS

Abordar a temática da economia solidária, enfocando os vínculos familiares e sociais, sob a perspectiva da psicologia, provocou um desafio – pela escassez de trabalhos e estudos disponíveis – e, ao mesmo tempo, uma oportunidade de contribuir para o avanço do conhecimento nessa área. Nesse sentido, apesar da dificuldade em encontrar bibliografia sobre esse assunto, persistiu-se realizando buscas em diversas fontes, tais como: livros, internet, artigos, periódicos, bibliotecas.

Nessa busca, encontraram-se referenciais teóricos sobre os vínculos, porém no contexto da infância "mãe-bebê"; da família e casais – especialmente sob a ótica psicanalítica clássica, na qual a dimensão social dos vínculos fica relegada ao segundo plano – bem como postulações teóricas da área da sociologia – abordando os laços sociais, a crise das relações sociais e a teoria da dádiva, associada à economia solidária. Por fim, também foram localizados textos de literatura infanto-juvenil, nos quais o tema sobre vínculos assume a conotação de vínculos amorosos.

Nesse processo de revisão bibliográfica, tanto nacional como internacional, localizaram-se alguns autores que enfatizam em seus escritos a importância dos vínculos. Dentre eles, destacam-se: John Bowlby (1984), Donald Winnicott (1982), Wilfred Bion (1970), Enrique Pichon-Riviére (1998), David Zimerman (1995 e 1999), Svartman e Fernandes (2003). Para os efeitos deste estudo, utilizam-se como referência inicial os quatro últimos autores, por entender que suas elaborações teóricas sobre vínculos possibilitam uma abertura para o enfoque social e grupal.

Parte-se, assim, da definição cunhada por Zimerman (1999, p. 163), para quem "o termo vínculo tem sua origem no étimo latino *vinculum* o qual significa uma união, com as características de uma ligadura, uma atadura de características duradouras". Essa definição alude a alguma forma de ligação entre as partes que estão unidas e inseparadas, embora permaneçam claramente delimitadas entre si (ZIMERMAN, 1999).

A citada designação parece estar presente, também, na concepção de vínculo assumida pelos autores que se dedicam ao estudo do processo de vinculação, sob o ponto de vista do desenvolvimento humano. Especialmente para D. Winnicott (1982), J. Bowlby (1984), M. Klein (1969) e R. Spitz (2000), o processo de vinculação ocorre antes mesmo do nascimento, pois a criança já estabelece uma relação com sua mãe e essa alimenta fantasias e expectativas em relação ao bebê. Para eles, desenvolve-se uma vinculação recíproca mãe-bebê, que envolve, a seguir, o pai, parentes, enfim, todas as pessoas significativas de seu contexto vivencial que, de alguma maneira, façam parte ou estejam relacionadas com o mundo de cada um (BERTHOUD, 1998).

Do mesmo modo, para Pichon-Riviére (1998), o vínculo é uma unidade fundamental que se constitui durante o desenvolvimento infantil, sobre a base das necessidades corporais que promovem o reconhecimento das fontes de gratificação, mediante técnicas mais ou menos universais. O referido autor (p. 73) define "o vínculo como a estrutura complexa que inclui o sujeito e o objeto, sua interação, momentos de comunicação e aprendizagem".

Seguindo essa linha, Fernandes (2003) busca apoio em Levisky para destacar que a interação e o reconhecimento do Outro[3] são essenciais para a constituição dos vínculos. Servindo das palavras de Levisky, o referido autor (p. 218) destaca que "todo vínculo é bidirecional, ou seja, será fonte de desejo e objeto desejado e de ação". O processo de construção de um vínculo nasce do desenvolvimento da representação do mundo, através do corpo, o qual, posteriormente, permite o reconhecimento da existência do Outro e, finalmente, se concretiza na capacidade de comunicação com esse Outro.

Para Svartman e Fernandes (2003, p. 66), todo vínculo envolve um processo comunicacional, pois pressupõe "a existência de um emissor e de um receptor e as respectivas mensagens, que devem então ser

---

3 Neste estudo, o uso da palavra Outro, grafada com a letra "o" maiúsculo, visa explicitar o reconhecimento e o respeito às diferenças e singularidades, próprias de cada um, as quais são consideradas pela economia solidária.

decodificadas". Trata-se de um processo no qual há uma interdependência de elementos e que ocorre em toda estrutura vincular, onde o sujeito e o objeto interagem, retroalimentando-se mutuamente (SVARTMAN; FERNANDES, 2003). Portanto, "comunicar não é simplesmente algo que se faz a alguém, e sim um processo que está continuamente em andamento [em] cada um de nós" (FERNANDES, 2003, p. 46). E que permite compartilhar informações de qualquer espécie, possibilitando a ambos terem algo em comum, estabelecerem um vínculo (FERNANDES, 2003).

Ao estabelecer-se um vínculo, ocorre uma relação que tem no cerne uma experiência emocional, de modo que as partes envolvidas fiquem em comunicação (FERNANDES, 2003). Seguindo esse conceito, no decorrer das entrevistas com os trabalhadores da cooperativa, utilizou-se o termo "relação" ou "relações" para referir-se aos vínculos, por entender que essa terminologia é mais compreensível para o público pesquisado.

Ainda mais que o vínculo não é palpável nem visível e relaciona-se "com a fantasia inconsciente – elementos nada concretos" (FERNANDES, 2003, p. 46). Por isso, os vínculos podem ser considerados elos intra, inter e transpessoais, que acompanham as emoções e fantasias inconscientes (ZIMERMAN, 1995).

Zimerman (2003) segue esses pressupostos para descrever três planos de inter-relações: o plano intrapessoal (ou intrassubjetivo) refere-se ao modo como os objetos internalizados relacionam-se entre si e como se vinculam as instâncias psíquicas (consciente, pré-consciente e inconsciente), os pensamentos com os sentimentos, a parte infantil com a adulta, etc. O plano interpessoal (ou intersubjetivo) diz respeito às diversas formas através das quais um indivíduo se relaciona com os demais, e o plano transpessoal (ou transubjetivo), referente às modalidades como indivíduos e grupos se vinculam com normas, leis e valores. Assim como os papéis e funções que eles desempenham no contexto social, político e cultural em que estão inseridos.

Nessa concepção, que aproxima os processos psíquicos e o histórico-social, ocorrem as articulações desses vários planos, sendo que os vínculos instituem as modificações que não param de ocorrer nos três níveis (intra, inter e transubjetivo) durante toda a vida (SVARTMAN; FERNANDES, 2003).

De acordo com a perspectiva psicanalítica, deve-se considerar a existência do inconsciente que, para Pichon-Riviére (1998), é constituído pelos vínculos acumulados e condicionados historicamente no sujeito. Desse modo, de acordo com Svartman e Fernandes (2003, p. 71), "um vínculo é estabelecido a partir de uma espécie de contrato inconsciente, mediante acordos e pactos inconscientes". Os referidos autores (p. 71) ainda asseguram que:

> Os acordos inconscientes resultam de combinações entre aspectos compartilhados advindos dos espaços intrassubjetivos de cada um, com a finalidade de unificar os funcionamentos mentais e vinculares em uma configuração mais eficaz e complementar.

Os "pactos" ou acordos inconscientes podem facilitar o processo de vinculação à medida que remetem a experiências positivas vivenciadas. No entanto, se forem associados a experiências desagradáveis, esse processo poderá ficar fragilizado.

Para Zimerman (1999), baseado na teoria psicanalítica de Bion, o conceito de vínculo apresenta as seguintes características:

a) são elos de natureza emocional que unem duas ou mais pessoas;

b) comportam-se como uma estrutura (vários elementos em combinações variáveis);

c) são polissêmicos (permitem vários significados);

d) comumente atingem as dimensões inter, intra e transpessoal;

e) são potencialmente transformáveis e, finalmente;

f) para ser estável, um vínculo exige a condição de o sujeito poder pensar as experiências emocionais na ausência do outro.

Reforçando essas características, Svartman e Fernandes (2003) apoiam-se no conceito de René Kaës, que considera o vínculo como um conector, uma instância mediadora que articula diferenças, um lugar de continuidade, de transformações, de simbolização e de criação, que congrega elementos descontínuos, como uma ponte.

Em síntese, nessa breve revisão teórica sobre vínculos destaca-se a pluralidade e a multiplicidade de elementos que se impõem ao ser humano, desde o início de sua existência, no processo de construção dos vínculos, seja em seu meio social ou familiar (SVARTMAN; FERNANDES, 2003).

A seguir, apresentam-se mais detidamente alguns aspectos teóricos da constituição dos vínculos sociais e dos vínculos familiares para, posteriormente, propor a noção de "coopetição" enquanto um elemento teórico mais abrangente para analisar os vínculos humanos que se estabelecem no âmbito de formas organizacionais, baseadas nos princípios do trabalho coletivo autogestionário e solidário.

3.1 Vínculos Sociais

Parte-se do pressuposto de que os papéis e/ou o status ocupado pelas pessoas na sociedade estão relacionados aos vínculos que elas estabelecem em sua existência. Essa perspectiva auxilia na análise dos fenômenos psicossociais, na medida em que abrange, simultaneamente, as relações sociais e os processos psíquicos. Essa posição ampara-se em Pichon-Riviére (1998, p. 31), para quem

> O vínculo é sempre um vínculo social, mesmo sendo com uma só pessoa; através da relação com essa pessoa repete-se uma história de vínculos determinados em um tempo e em espaços determinados. Por essa razão, o vínculo se relaciona posteriormente com a noção de papel, de *status* e de comunicação.

Além disso, vale ressaltar que, conforme salienta Berthoud (1998, p. 42), desde os primórdios, há uma necessidade humana de preservar e de criar vínculos sociais,

> Muitos vínculos se desenvolvem ao longo de nossas vidas e são, de tal forma, importantes para nossa condição de ser social, que podemos dizer que nossa vida gira em torno da maneira como organizamos nossos relacionamentos, desde os mais íntimos e profundos até as mais superficiais relações sociais.

Assim, o vínculo também pode ser definido pela maneira particular, através da qual cada indivíduo se relaciona com Outro, ou Outros, criando uma estrutura particular a cada caso e a cada momento (Pichon-Riviére, 1998), demonstrando que o processo vincular é subjetivo e exige considerar a existência de Outro(s) e a aceitação das diferenças.

Nesse caso, o desafio será o de aceitar as diferenças, em uma sociedade cada vez mais automatizada e padronizada, que se define como pós-moderna e aberta ao diferente e ao novo, mas que, na prática, conduz à uniformização do desejo, das condutas e dos valores. Esse paradoxo, consequentemente, repercute sobre o modo de como os vínculos sociais são estabelecidos.

Nesse processo de "enquadramento social", o indivíduo move-se no sentido de estabelecer um vínculo de reconhecimento. Segundo Zimerman (1999), esse processo demonstra o quanto cada indivíduo necessita, de forma vital, ser reconhecido pelos demais, como alguém que de fato existe e que é aceito como parte do grupo. Assim como também alude à necessidade de que cada um reconheça o Outro como alguém que tem o direito de ser diferente.

O reconhecimento dos Outros e pelos Outros é a matiz dos vínculos sociais e dos relacionamentos que o ser humano estabelece ao longo de sua vida e estão relacionados às marcas que carrega das relações estabelecidas no âmbito familiar. Nesse sentido, respaldado por Malinowski, Pichon-Riviére (1998) insiste na "impossibilidade de se imaginar qualquer forma de organização social carente de estrutura familiar". Destacando a importância dos vínculos que se constituem no ambiente familiar, Pichon-Riviére (1998, p. 62) complementa que a família "constitui a unidade indispensável de toda organização social, através da história do homem".

3.2 Vínculos Familiares

Considerando que, para Pichon-Riviére (1998, p. 63, grifo do autor), a família constitui "uma *estrutura social básica* que se configura pelo interjogo de papéis diferenciados (pai, mãe, filho), [...] podemos afirmar que a família é *modelo natural da situação de interação grupal*". Essa concepção possibilita pensar que o modelo das relações familiares relaciona-se com a forma como as pessoas se vinculam nos diversos grupos aos quais pertencem.

> A família adquire esta significação dinâmica para a humanidade porque, mediante seu funcionamento, fornece o marco adequado para definição e conservação das diferenças humanas, dando forma objetiva aos papéis distintivos, porém mutuamente vinculados, do pai, da mãe e do filho que constituem os papéis básicos em todas as culturas (PICHON-RIVIÉRE, 1998, p. 62).

Maldavszy (1993 apud LEVISKY, 2003) e Osório (1996 apud LEVISKY, 2003) propõem que existem três posturas teóricas para a compreensão dos vínculos que se estabelecem nas famílias: a postura sistêmica concebe a família como um sistema de relações, podendo ter uma simetria ou uma complementaridade entre seus membros. A postura estrutural – denominada psicologia das configurações vinculares – considera a natureza inconsciente dos vínculos familiares e a estrutura formada como resultantes da articulação das vivências intra, inter e transubjetivas, chamando a atenção para a qualidade dos vínculos formados entre os membros da família e para a influência que a cultura exerce sobre esse processo. Finalmente, a postura psicanalítica acredita que a família é efeito de um processo histórico, linear, sendo que cada indivíduo carrega em sua estruturação mental heranças onto e filogenéticas.

Apesar de reconhecer nas três posturas teóricas importantes contribuições para a descrição dos vínculos familiares, tende-se a considerar que outras formas de relações estão sendo produzidas em decorrência das constantes transformações que ocorrem na sociedade contemporânea, estabelecendo outras configurações vinculares. Desse modo, busca-se não privilegiar apenas uma postura teórica em detrimento das outras, a fim de não correr-se o risco de realizar uma análise reducionista ante o contexto dinâmico e mutante no qual se vive.

Preferiu-se apostar na capacidade do ser humano de vincular-se a outros seres humanos, no próprio movimento da vida afetiva (BERTHOUD, 1998), sendo que esse movimento propicia-lhe a construção de novos estilos de vida, assumir novas relações, num contínuo processo de vincular-se e desvincular-se.

3.3 Coopetição

A expressão coopetição resulta da junção de duas palavras: cooperação + competição e pretende chamar a atenção para a simultaneidade das relações de cooperação e competição que habitualmente se estabelecem entre as pessoas. Ou seja, a noção de coopetição leva em conta que, no contexto das sociedades capitalistas, muitas vezes, as pessoas cooperam entre si, exatamente porque precisam construir estratégias adequadas para competir. Segundo Lipnack (1994), trata-se de uma estratégia que, ao fundir forças antagônicas, torna-as complementares.

Nalebuff e Brandenburger (1996, p. 14) consideram que essa "combinação estabelece um relacionamento mais dinâmico do que as palavras *competição* e *cooperação* sugerem individualmente".

Em um estudo anteriormente realizado (Lima, 2006), investigou-se a existência ou não das relações de "coopetição" junto a uma associação de empresas e concluiu-se que essas relações contribuíram para o desenvolvimento dos associados e de seus negócios. A partir do referido estudo, surgiu o interesse por investigar como poderiam se manifestar, ou não, essas relações de coopetição, no âmbito de uma cooperativa do setor de reciclagem. Embora seja reconhecível uma aparente contradição entre a noção de coopetição e os pressupostos da cooperação e da solidariedade, considera-se que, em algumas situações, poderão ser observadas atitudes competitivas entre os participantes desses empreendimentos, porque a internalização da lógica da ação coletiva ocorre de forma lenta e gradual, na medida em que se coloca no contrafluxo do ideário individualista, incessantemente estimulado pelo sistema capitalista.

É importante não se deixar iludir pela ideia de que a cooperação e a solidariedade estarão sempre presentes nas formas coletivas de trabalho. Assim como ocorre um interjogo de papéis nos vínculos que se estabeleceu, também há uma alternância, às vezes, até coexistência de comportamentos, sentimentos e atitudes. Segundo Assmann e Sung (2000), a competição vai sobreviver mesmo com a propagação dos princípios da economia solidária, pois não há apenas um princípio organizador da economia e da sociedade. A solidariedade "é um componente importante nas relações econômicas e sociais, mas não pode ser transformada no único princípio organizador" (ASSMANN; SUNG, 2000, p. 152). Para esses autores, a solidariedade e a competição são elementos indispensáveis na convivência, manutenção e reprodução da vida social.

De acordo com Lopes (2005), cooperação e competição são processos distintos, porém não muito distantes, pois envolvem um intercâmbio de características, de maneira que se pode encontrar em algumas ocasiões uma competição cooperativa e noutras, uma cooperação competitiva.

Desse modo, sustenta-se a coexistência da cooperação e da competição através da existência de relações de coopetição, no contexto do trabalho coletivo baseado nos pressupostos da cooperação e da solidariedade.

4 - A RECICLAGEM DO/NO "LIXO"

A palavra lixo origina-se do latim *lix* e significa cinzas ou lixívia. O conceito de lixo ou resíduo pode variar conforme a época e o lugar. Amparado em Calderoni, Conceição (2005, p. 36), lembra-se que "na linguagem corrente, o termo resíduo é tido praticamente como sinônimo de lixo. Lixo é todo material inútil, [...] cuja existência em dado meio é tida como nociva".

Segundo Müller (2003), a expressão "lixo sólido urbano" designa o conjunto de detritos gerados em decorrência das atividades humanas, nos aglomerados urbanos, incluindo-se os resíduos domiciliares, os originados nos estabelecimentos comerciais, industriais e de prestação de serviços, os decorrentes de limpeza urbana, os entulhos da construção civil e os gerados nos terminais rodoviários, ferroviários, portos e aeroportos, sendo que a coleta, transporte e destinação final desses resíduos são de responsabilidade das prefeituras municipais.

No caso do empreendimento estudado, a Prefeitura realiza a coleta e a entrega à cooperativa para que essa organize, separe e dê uma destinação aos resíduos. De acordo com o entrevistado E, antes disso, os resíduos eram apenas aterrados. Segundo ele, *[...] era tudo aterro meio clandestino, e depois fizeram um provisório logo aqui, tu vem pra cá tem uma subidinha pela estrada de chão né, fizeram um provisório ali até eles construí aqui.*

Para Conceição (2005, p. 38), no que se refere "ao destino do lixo no Brasil, boa parte acaba em terrenos a céu aberto ou lixões, aterro controlado, aterro sanitário e apenas uma ínfima parte dele é reciclada". Ao prefaciar a obra do referido autor, Singer complementa que a maior parte do lixo não é reaproveitada, mas incinerada ou enterrada, sendo que os dois procedimentos são prejudiciais ao meio ambiente.

Essas considerações demonstram a importância da existência e organização de cooperativas de assumirem e se tornarem responsáveis pelo lixo das cidades. Esse é o caso da cooperativa estudada que, através de licitação, firmou contrato com a Prefeitura, assumindo a responsabilidade pelo lixo do município. No entanto, a cada eleição, os trabalhadores enfrentam o temor de terem seu contrato de licitação rescindido.

Se, por um lado, quando a gestão municipal muda, os cooperados vivem a indefinição de não saber se o lixo da cidade ficará sob sua tutela; por outro, estão convictos de que sempre haverá "produto" (lixo), visto que a produção é contínua e crescente.

Nesse sentido, Conceição (2005, p. 35), afirma que há entre as nações do mundo um consenso de que o lixo é um dos grandes problemas atuais e futuros da humanidade, logo:

> A relação humana na biosfera do planeta tem sofrido alterações e transformações, cuja consequência é sentida na geração de resíduos. [...] Com o crescimento populacional registrado no século XX e a forte industrialização, trazendo muitas opções de consumo, os resíduos aumentaram de forma exponencial, trazendo sérios problemas de ordem ambiental para a sociedade.

Conforme relato dos trabalhadores da cooperativa pesquisada percebe-se claramente o aumento da quantidade de resíduos nas segundas e terças-feiras (após o fim de semana), em feriados, bem como em datas comemorativas como o Natal. Segundo eles, o aumento da quantidade de resíduos relaciona-se ao aumento do consumo, pois as pessoas utilizam seu tempo livre para irem às compras, o que gera um maior descarte. Conceição (2005, p. 39) corrobora o depoimento dos trabalhadores, ao comentar que, segundo "a Organização Mundial da Saúde, hoje, a geração de lixo no planeta está girando em torno de 0,5 quilo/habitante/dia ou 3 bilhões de quilos de lixo por dia".

Sendo assim, no decorrer das entrevistas e, também, em conversas informais, os cooperados mencionaram a grande quantidade de lixo produzido por dia (em média 35 toneladas). Destacaram que após os feriados prolongados há muito serviço acumulado. Inclusive, muitos consideram inviável ficar sem trabalhar nos feriados, pois isso resulta em várias semanas de trabalho extra, com prolongamento da jornada diária e alguns sábados, para darem conta da separação do lixo acumulado. Segundo o depoimento de E:

> *Na sexta-feira santa, fizemo feriadão, né, e..., e não trabalhô sábado e depois na semana né, a gente se apertô. Porque a gente sabia que tinha aumentado o serviço, mas, mas não, parece que não tava aquela dimensão que tinha aumentado tanto, entendeu. ... a gente se atrasa né, nessa questão de recuperá né, às vez acaba sendo mais cansativo né...*

Esse episódio parece também estar relacionado ao fato de os trabalhadores executarem o trabalho de forma bastante manual, a fim de cumprirem os objetivos específicos da cadeia de reciclagem do lixo, os quais devem seguir as etapas, que iniciam pelo despejo do lixo na caçamba para, em seguida, "cair" na esteira, onde é separado por tipos de resíduos (orgânico e inorgânico) e classificados conforme o tipo de material. Após essa etapa de separação, o processo continua através dos encaminhamentos que se fazem necessário: o material plástico, ou o papel, deve ser colocado na prensa para ser compactado, organizado em fardos e pesado. Para finalmente serem vendidos por quilo às empresas que reaproveitam (reciclam) esse material. Já os resíduos orgânicos são depositados em "baias", onde, através da técnica da compostagem, são transformados em adubo.

Nesse sentido, o trabalho da cooperativa produz-se de acordo com o termo "reciclagem" que, segundo Conceição (2005, p. 39), quando aplicado ao lixo, "traduz o reprocessamento de resíduos que permite sua reutilização, ou seja, cria novamente o valor de troca e uso daquilo que um dia foi lixo". O referido autor comenta, ainda, que a Agência de Proteção Ambiental define a reciclagem como a coleta, o processamento, a comercialização e o uso de materiais considerados lixo.

Portanto, para os trabalhadores da cooperativa, o lixo é percebido como produto, pois na medida em que pode ser comercializado torna-se sua fonte de renda e "sobrevivência" (CONCEIÇÃO, 2005). Nessa perspectiva, o lixo passa a ser disputado, gerando concorrência com os catadores que "selecionam" o mesmo, separando-o nas lixeiras da cidade, reduzindo, assim, a quantidade e qualidade do material que chega à cooperativa. Para esses trabalhadores, mais do que mero resíduo e/ou rejeito, a reciclagem do lixo é um instrumento econômico que, por meio de um novo processo industrial, garante a sustentação material da vida (CONCEIÇÃO, 2005).

É importante ressaltar que:

> A reciclagem está intimamente ligada ao modelo capitalista vigente, quando, como instrumento econômico, cria condições de os resíduos selecionados/separados voltarem ao processo produtivo, para novamente formarem novos produtos. O capitalista aceita a reciclagem como forma de suprir a falta de matéria-prima, visto que o preço pago é bem menor que se tivesse de comprar a matéria-prima virgem e, com a aplicação do material reciclado, tem uma redução no consumo de energia e, consecutivamente, nos custos de produção (CONCEIÇÃO, 2005, p. 107).

É assim que o lixo passa a ocupar um lugar de destaque na economia capitalista, inclusive, impulsionando a formação de cartéis, onde o setor industrial e comercial determinam os valores a serem pagos pelas matérias-primas virgens e também pelos produtos reciclados, mantendo a hegemonia capitalista da exploração. Essa complexa engrenagem da economia capitalista insinua-se nos comentários do trabalhador E quando, em uma das assembleias mensais, afirma que o preço de venda dos plásticos (pet) baixou e que, por esse motivo, é preciso descobrir e negociar com outros compradores, ou com mais compradores.

Além da tensão estabelecida pela lógica do mercado capitalista que se expressa na relação instável entre a cooperativa e os compradores, é importante considerar que a hegemonia capitalista da exploração também se manifesta sobre as condições de trabalho do/no lixo. Nesse contexto, os trabalhadores, homens e mulheres, desenvolvem sua atividade laboral, convivendo no mesmo espaço com urubus, moscas, cachorros, lixo, de cujo local exala um odor característico que, mais do que entranhar em seus corpos, oferece o risco de contaminar e impregnar sua dignidade. Durante a atividade de campo, a cada visita à cooperativa, imediatamente ao sair do carro, a pesquisadora sentia-se invadida por várias sensações, disparadas pelo intenso odor exalado e pelo desconforto de "disputar" espaço com as moscas e demais animais que habitavam aquele local.

Provavelmente, a cotidianidade daquele trabalho tenha se encarregado de isentar os trabalhadores dessas sensações, na medida em que, constituindo uma fonte de renda, o lixo deixa de ser visto como "rejeito" ou "resto" para assumir outro significado, principalmente econômico. Conforme Luiz (2003), o lixo tem uma outra faceta, de maneira que não é inútil, inservível ou imprestável de forma absoluta, mas apenas relativa. De tal sorte que o lixo, para uns, passa a ser insumo, matéria-prima e, até produtos para outros, dependendo da visão ou estágio de economicidade e riqueza. Basta lembrar que:

> Na evolução administrativa do lixo, chega-se a organizar seus custos presentes e futuros em função das diferentes tecnologias específicas e por uma questão ideológica, o lixo deixa de ser lixo e passa a ser resíduo, nome asséptico e menos repugnante (LUIZ, 2003, p. 59).

De acordo com Conceição (2005), os materiais classificados como lixo seco não orgânico, possuem um valor de mercado que os tornam mais atrativos para a coleta e seleção, como, por exemplo, o plástico, a latinha de alumínio, o metal, o papel, o papelão e o vidro. Através da venda desses resíduos, gerados pelo crescente consumo em massa, os trabalhadores obtêm seu sustento.

Além disso, a prática da reciclagem apresenta-se aos olhos e ouvidos da maioria leiga como emblema de modernidade. Segundo Conceição (2005), atualmente, a reciclagem se mostra como uma alternativa para a diminuição dos resíduos não orgânicos (secos) e, em menor escala, os orgânicos gerados pela sociedade contemporânea.

> Embalada pela mídia, a reciclagem assoma como expressão do politicamente correto por engajar-se nos esforços de redução de resíduos e apresentar uma viabilidade ao desenvolvimento econômico sustentável. Aplicar a um produto um pequeno selo ou inscrição atestando que o mesmo foi feito com material reciclado tornou-se gesto tão meritório quanto se manifestar em favor dos direitos humanos ou da democracia (CONCEIÇÃO, 2005, p. 17).

Consequentemente, é crescente a valorização de tais produtos por parte do público consumidor. No entanto, ainda que o consumo de produtos reciclados aponte para níveis de crescimento, podendo vir a tornar-se sinônimo de *status*, os consumidores não problematizam os valores de uma sociedade baseada no consumo desenfreado, o qual produz desigualdades sociais e devasta os recursos naturais. Uma sociedade que, em nome da sustentabilidade, introduz o lixo na cadeia de reciclagem, mas tolera e naturaliza a sobrevivência de seres humanos sob condições de trabalho insalubres e degradantes.

Nesse aspecto, considera-se oportuno analisar o trabalho de reciclagem de resíduos no próprio espaço onde se desenvolvem as atividades vinculadas à reciclagem do lixo. Defende-se essa necessidade não apenas porque constitui uma relevante alternativa econômica de geração de trabalho e renda, mas porque se trata de uma prática social que abrange questões ecológicas, sanitárias, políticas e, principalmente, humanas.

De acordo com Conceição (2005, p. 17):

> A exclusão social em que se encontram bilhões de seres humanos, provocada pelo próprio sistema capitalista, concentrador e criador de uma reserva de mão de obra com o objetivo de controlar salários, tem levado à formação de um exército de pessoas que trabalham e vivem do lixo urbano no mundo todo.

É inegável que os empreendimentos de reciclagem propiciam trabalho e renda para muitas pessoas excluídas do mercado de trabalho formal. No entanto, vale considerar que essas iniciativas promovem mais do que o sustento de muitas famílias, promovem também a reciclagem de percepções e valores, além dos benefícios ambientais resultantes da reciclagem do lixo.

4.1 Empreendimentos de Reciclagem de Resíduos no Rio Grande do Sul

No Brasil, observa-se um aumento crescente no número de Empreendimentos de Reciclagem de Resíduos (CONCEIÇÃO, 2005). Na medida em que avança o processo de exclusão social, as pessoas criam alternativas de sobrevivência, dentre as quais a formação de cooperativas tem-se mostrado eficaz para promover a inserção econômica e social de milhares de trabalhadores na cadeia produtiva da reciclagem do lixo.

Em 2007, a SENAES realizou um mapeamento dos EES (Atlas da Economia Solidária) existentes no Brasil, através do qual foram identificados 21.859 empreendimentos econômicos, espalhados pelo País. Desse total, 520 atuavam na reciclagem de sucatas não metálicas, ocupando a 13ª posição entre os 50 diferentes tipos de atividades econômicas desenvolvidas. Na época, esse montante movimentava R$ 8 bilhões ao ano e mantinha 1,5 milhão de pessoas ocupadas.

No Estado do Rio Grande do Sul, foram cadastrados 2.085 empreendimentos que desenvolvem várias atividades de geração de trabalho e renda. Dentre esses, 87 dedicam-se à reciclagem de sucatas não metálicas, ocupando a 5ª posição entre as 20 atividades desenvolvidas pelos empreendimentos mapeados. Dentre os vinte e seis Estados brasileiros, o Rio Grande do Sul apresentou maior representatividade no que tange à quantidade de empreendimentos ligados a esse setor. Estima-se que, atualmente, exista um número ainda maior de empreendimentos que trabalham na reciclagem, mas que não estão cadastrados.

Como movimento social, os trabalhadores da reciclagem possuem larga experiência de articulação política, integrando-se às discussões do Fórum Social Mundial, as quais impulsionaram a criação, em 2003, do FBES. A partir daquela data, disseminaram-se os Fóruns estaduais, regionais e municipais, os quais constituem espaços de discussões sobre o trabalho, comercialização, troca de conhecimentos e "formação" para uma cultura da autogestão e da solidariedade.

Na região do Vale do Rio dos Sinos, a existência em diversos municípios de Associações de Recicladores, impulsionou a criação de um Fórum específico do setor de reciclagem (Fórum dos Recicladores do *Vale do Sinos*) que, atualmente, reúne 13 associações e cooperativas. O Fórum dos Recicladores do *Vale do Sinos* vem se estruturando desde 2003, contando com a participação de empreendimentos de reciclagem de Canoas, Esteio, São Leopoldo, Campo Bom, Sapiranga, Nova Hartz, Dois Irmãos e Bom Princípio, envolvendo cerca de 220 recicladores.

No âmbito desse Fórum, as principais discussões e mobilizações giram em torno da criação de políticas públicas referentes à coleta seletiva de resíduos, bem como questões relativas à melhoria na capacidade de triagem com aumento da produtividade, à gestão do empreendimento, à comercialização e à articulação para assumir tarefas em conjunto entre as reciclagens etc.

Ao longo da construção desse processo de articulação, os trabalhadores desses empreendimentos estão obtendo muitos resultados satisfatórios. Um bom exemplo é o projeto desenvolvido pela cooperativa – objeto desse estudo – em parceria com a empresa Vonpar, situada em Porto Alegre. Essa empresa repassa recursos à cooperativa, através da Rede Parceria Social do Estado, possibilitando-lhe a aquisição de equipamentos, favorecendo a comercialização em conjunto e a formação dos trabalhadores através de cursos, oficinas e visitas técnicas em empresas que trabalham com produtos reciclados, entre outros.

Além disso, através do Fórum dos Recicladores, os trabalhadores desses empreendimentos desenvolvem ações coletivas para o segmento, tais como elaboração de materiais (por exemplo, panfletos e vídeos) de cunho educativo, objetivando conscientizar a população sobre a importância da separação do lixo, da reciclagem e alertando para os problemas do consumo desenfreado.

Destaca-se, assim, a importância da constituição desse fórum específico para o setor da reciclagem, pois tem possibilitado capacitar os trabalhadores e desenvolver o setor, discutindo, trocando experiências, vivenciando o trabalho coletivo, exercitando a cooperação e realizando ações para preservar o meio ambiente, o que resulta em melhorias, não apenas para os trabalhadores, mas para a população e para a sociedade como um todo.

5 - A PESQUISA EM UM EMPREENDIMENTO DE RECICLAGEM

5.1 Histórico da Cooperativa Coolabore

Conforme mencionado, a pesquisa foi realizada em um EES do setor de reciclagem organizado sob a forma de cooperativa. Os trabalhadores que fundaram a cooperativa COOLABORE tinham experiência em empresas do ramo calçadista e metalúrgico. Antes da fundação da COOLABORE esses trabalhadores não tinham trabalhado em cooperativas, mas a partir da troca de ideias com vizinhos, amigos e impulsionados por frustrações provenientes de um sistema de trabalho opressor e excludente, decidiram se mobilizar e desbravar outros caminhos, criando a supracitada cooperativa.

Quando a cooperativa foi fundada seu foco era a prestação de serviços na área da construção civil, conforme refere o entrevistado E:

> [...] daí a gente começô, algumas pessoas começaram a pensar em formar uma cooperativa de serviço, e daí que a gente começô a se organizá [...]. A gente começô na área da construção civil, né, que era o foco nosso no início, e..., depois a gente participou duma licitação no município pra limpeza de rua e ganhou, e depois sabia do projeto que era aqui né, e daí..., a gente começô a se organizar pra cá, que era uma coisa mais fixa né, não tinha muita noção do que era, mas como na parte de construção civil exige muita estrutura, infraestrutura, recurso, e na época não tinha nada. Tem que tê engenheiros, tem que tê estrutura mesmo pra construir obras, grandes obras e nós não tinha nada, só as mão pra trabalhá, só as mão e nada mais.

Ao realizar esse resgate da história da cooperativa, percebe-se que houve modificações no decorrer do percurso, em que fizeram ajustes relativos ao negócio da mesma, alterando o ramo de atividade focado inicialmente na construção civil para a área da reciclagem de lixo. O entrevistado E relata:

> [...] nós fiquemo dois ano fazendo otras frente de trabalho né daí. Daí a gente participô da licitação pública e ganhô né, e..., pouco tempo a gente começô a trabalha. Daí os dois ficaram na parte da construção civil, depois a gente concluiu a obra e..., quando uns saíram da obra não tava andando bem, saíram, ficô outros, daí fico ruim [fez careta], daí se decidiu pará com essa parte, quem ficô não tinha responsabilidade, queria só fazê mas não..., não pegavam, daí a gente também parô pra não se incomodá né, que então daí só ficô aqui.

Segundo o relato dos fundadores, quando iniciaram as atividades tinham somente um prédio cedido pela Prefeitura, mas não havia mesas, equipamentos e infraestrutura para a execução do trabalho. Diante dessas necessidades buscaram apoio junto a Cáritas, que assessorou na elaboração de um projeto para captar recursos financeiros (reembolsáveis em até 02 anos) para a aquisição dos equipamentos necessários. A cooperativa foi contemplada com esses recursos, os quais possibilitaram estruturar o local de trabalho para receberem o lixo da cidade.

Desse modo, a cooperativa COOLABORE tornou-se responsável pela separação dos resíduos domésticos do município, os quais são coletados pela Prefeitura e entregues ao empreendimento para que realize sua separação e, posteriormente, encaminhe-os para empresas que reciclam o material. Sendo que os resíduos orgânicos são transformados em adubo, através da técnica de compostagem.

A cooperativa estabeleceu um contrato com a Prefeitura, através do qual esta repassa um aporte financeiro mensal para custear algumas despesas referentes a infraestrutura. Além disso, a cooperativa conta com recursos financeiros (não reembolsáveis) obtidos através de projetos do Banco Nacional de Desenvolvimento Econômico e Social (BNDES). Com esses recursos, foram adquiridos equipamentos de informática, uma prensa, um caminhão e uma televisão. A cooperativa também estabeleceu uma parceria com o Telecentro[4] do município, que propiciou aos trabalhadores aulas de informática sem custo.

---

4 O Telecentro é um ambiente voltado para a oferta de cursos e treinamentos presenciais e a distância, que visa aproximar os empresários, as instituições públicas e privadas, as organizações não governamentais e a sociedade em geral.

Assim, com 15 anos de existência e com 35 cooperados, a COOLABORE vem se desenvolvendo e fazendo reavaliações de sua atuação, conquistando expertise no ramo da reciclagem. A mesma encontra-se inserida no processo de articulação política existente na região, participando ativamente das discussões do Fórum de Recicladores do *Vale do Sinos*.

5.2 Delineamento Metodológico

A presente investigação trata de um estudo de caso, o qual, segundo Yin, (2001, p. 23) constitui:

> Uma inquirição empírica que investiga um fenômeno contemporâneo dentro de um contexto da vida real, quando a fronteira entre o fenômeno e o contexto não é claramente evidente e onde múltiplas fontes de evidência são utilizadas.

A preferência pelo uso do estudo de caso acontece quando ocorre estudo de eventos contemporâneos, em situações nas quais os comportamentos relevantes não podem ser manipulados, mas onde é possível se fazer observações diretas e entrevistas sistemáticas. O estudo de caso se caracteriza pela "[...] capacidade de lidar com uma variedade completa de evidências – documentos, artefatos, entrevistas e observações" (YIN, 2001, p. 19).

De acordo com Minayo, Assis e Souza (2005), para a realização de um estudo de caso é necessário a definição do foco de análise; o como e o porquê de determinado problema; determinação da unidade de análise (um grupo, uma organização, um setor) e estabelecimento de critérios para a interpretação dos dados (referencial teórico e categorias).

Convém assinalar que foi realizado um estudo de caso de abordagem metodológica do tipo qualitativa descritivo-interpretativa. Essa modalidade investigativa caracteriza-se por exigir uma atitude flexível e aberta do pesquisador, admitindo que outras formas de interpretações possam ser sugeridas, discutidas e igualmente aceitas. Talvez seja por este motivo que, às vezes, outros paradigmas contestem a credibilidade das investigações qualitativas, visto que não apresentam medidas exatas quantificáveis (MOLINA NETO, 2004).

Nesse sentido, para Minayo, Assis e Souza (2005), um estudo de abordagem qualitativa apresenta um delineamento metodológico, cuja flexibilidade permite ao pesquisador definir intencionalmente os sujeitos da investigação, os quais deverão possuir os atributos que se deseja conhecer. Garante-se, dessa maneira, que o campo e os grupos a serem observados possuam o conjunto das experiências que se pretende captar. Para Franco (2008), na abordagem qualitativa, o pesquisador segue um roteiro de investigação flexível, visualizando o cenário e as pessoas a partir de uma perspectiva global, considerando-os como um todo, de forma contextualizada, sendo que todas as perspectivas são valiosas.

A proposição dessa investigação partiu do pressuposto de que a experiência de trabalho coletivo, inspirado nos princípios da economia solidária, pode produzir importantes transformações nos vínculos familiares e sociais dos trabalhadores que participam de empreendimentos dessa natureza. Desse modo, desenvolveu-se a pesquisa, tendo como problema de investigação, a seguinte questão: a participação em um EES transforma os vínculos familiares e sociais dos trabalhadores?

O objetivo geral da pesquisa visa a investigar os vínculos familiares e sociais de participantes de um EES. Especificamente, busca descrever os vínculos que se estabelecem entre os trabalhadores que atuam na referida cooperativa; analisar as possíveis transformações nos vínculos familiares e sociais desses trabalhadores, a partir de sua inserção no referido EES e, finalmente, identificar se ocorrem relações de coopetição entre esses trabalhadores.

Como instrumentos para a coleta do material foram utilizadas as técnicas da observação participante[5] e da entrevista semiestruturada, associadas aos registros em diário de campo. As entrevistas foram realizadas tendo como base um roteiro de questões (Apêndice B) pré-estabelecidas pela pesquisadora, levando em conta a literatura.

Baseando-se em Minayo, Assis e Souza (2005, p. 137), o roteiro da investigação qualitativa pode:

---

5 Os aspectos que foram observados estão descritos no Apêndice A.

> Ser modificado durante o processo interativo em campo, quando o investigador percebe que determinados temas não previstos estão sendo colocados por seus interlocutores, parecendo ser, para eles, de alta significância.

Nesta pesquisa, o roteiro original das entrevistas sofreu modificações, a fim de adequar-se à lógica própria do grupo ou, mesmo, suas múltiplas lógicas (MINAYO, 2004).

Levando em consideração que, em uma investigação qualitativa "não se quantificam respostas, [mas] busca-se o ponto de vista dos entrevistados" (MINAYO; ASSIS; SOUZA, 2005, p. 137). Birk (2004, p. 79), sustenta que:

> A entrevista semiestruturada desenrola-se a partir de um esquema básico, mas não é aplicado rigidamente, permitindo adaptações realizadas inclusive no momento da efetivação da entrevista.

Quanto à observação participante, Minayo, Assis e Souza (2005, p. 94.), salientam que essa pretende "contrabalançar a investigação que valoriza a fala, com a que avalia a ação, as relações e os evasivos da vida cotidiana [...]". Nessa mesma direção, Lakatos e Marconi (1991) afirmam que a observação participante consiste na participação real do pesquisador com a comunidade ou grupo, incorporando-se ao grupo e/ou confundindo-se com ele.

Além disso, no âmbito deste estudo, a utilização do diário de campo visou registrar as percepções e interpretações (como pesquisadora) a partir das experiências no campo empírico. Essas foram descritas de forma simples, sendo que se buscou, de forma espontânea, estar atento a todos os fatos sociais e fenômenos relacionados com o problema da pesquisa, seguindo as recomendações de Birk (2004, p. 78), para quem "as anotações feitas incluem [...] especulações, sentimentos, problemas, ideias, impressões, pré-concepções, dúvidas, incertezas, surpresas e decepções".

5.3 O Início do Percurso no Campo Empírico

A fim de viabilizar o propósito de investigar os vínculos familiares e sociais de trabalhadores que atuam no campo da economia solidária, o primeiro desafio enfrentado foi o de definir a referência empírica. Sendo assim, iniciou-se a tarefa de localizar, dentre os EES existentes na região do *Vale do Sinos*, aqueles que ao mesmo tempo fossem um empreendimento econômico organizado sob os princípios da economia solidária e que ainda não tivessem sido alvo de uma pesquisa científica.

Nessa etapa de identificação, buscaram-se informações junto a professores que se dedicam (estudando e/ou investigando e/ou desenvolvendo atividades de extensão universitária) à temática da Economia Solidária, das duas Instituições de Ensino Superior (Feevale e Unisinos) existentes na referida região. Também se realizou uma prospecção na internet, bem como visitas a duas cooperativas do setor de reciclagem. A partir desses procedimentos exploratórios estabeleceu-se um "acordo informal" com uma cooperativa do setor de reciclagem, que demonstrou abertura e disponibilidade para a pesquisa, inclusive colaborando para que as entrevistas fossem realizadas durante o horário de trabalho.

Em agosto de 2008, foi realizada uma primeira visita, na qual o Presidente da cooperativa apresentou o trabalho de reciclagem, mostrando e fornecendo informações sobre como ocorre o processo de separação dos resíduos e de compostagem. A segunda visita, realizada em setembro de 2008, teve um caráter "oficial", na qual, a professora orientadora desta investigação formalizou o compromisso entre a pesquisadora e a cooperativa COOLABORE, por meio de uma carta de apresentação entregue a seu Vice-Presidente.

Desse modo, a inserção no campo empírico da pesquisa ocorreu de forma lenta e gradativa. Ao longo desse processo de envolvimento, buscou-se a adaptação a diversos fatores, por exemplo, às condições do percurso do centro da cidade até a cooperativa, cujo trajeto de estrada de chão, com pontes frágeis, aclives e declives, suscitava uma ampla gama de sensações.

5.4 Procedimentos de Coleta do Material

A partir de março de 2009, as visitas à cooperativa se intensificaram, sendo que em novembro de 2008 iniciou-se sua participação como observadora das assembleias mensais[6] dos associados. Desde a primeira assembleia observada, percebeu-se que essas se constituíam como uma oportunidade para o exercício da autogestão dos trabalhadores da cooperativa, na medida em que transcorriam sob um efetivo clima democrático. Ainda que apresentasse uma pauta pré-definida, o Presidente abria espaço para que os trabalhadores se manifestassem, assim como incluía a pesquisadora nas discussões, perguntando-lhe se desejava "colocar algo" para o grupo.

No total, foram observadas oito[7] assembleias dos cooperados, ocorridas no período de novembro de 2008 a agosto de 2009. Os assuntos discutidos e as situações nas quais ocorreram as discussões foram registrados no diário de campo e, posteriormente, agregadas ao *"corpus"* empírico e consideradas na análise do material.

Não obstante, as visitas à cooperativa também ocorriam com a finalidade de realizar as entrevistas individuais. No entanto, antes de efetivamente iniciar as entrevistas, retomou-se o roteiro previamente elaborado (durante a construção do projeto de pesquisa). Esse procedimento foi necessário para adequar o olhar sobre o campo empírico, pois a inserção na cooperativa provocou outras percepções e sensações, nuances diferentes das anteriormente imaginadas. Assim, foram acrescentadas ao roteiro original duas questões, as quais pareceram importantes. Também se revisou as questões sobre os vínculos, utilizando a expressão "relações", com o intuito de adequar a linguagem e garantir a compreensão dos entrevistados sobre o que se pretendia questionar.

Durante a assembleia realizada em março de 2009, teve-se a oportunidade de esclarecer a todos os objetivos da pesquisa e solicitar sua contri-

---

6 Por tratar-se de uma cooperativa, mensalmente, são realizadas assembleias gerais, as quais os cooperados costumam chamar de "reuniões mensais". Somente duas são consideradas "assembleias": a de junho e a de dezembro de cada ano, que correspondem ao encerramento dos semestres.

7 No período de dez meses foram observadas oito assembleias, pois nos meses de janeiro e fevereiro não ocorreram observações.

buição para participarem da mesma, através das entrevistas. Enfatizou-se que não seria possível definir, *a priori*, o número exato de entrevistados; sugeriu-se um número inicial de cinco pessoas a serem entrevistadas. Desse modo, a seleção dos entrevistados ocorreu de forma transparente e com a participação de todos os trabalhadores, os quais, espontaneamente, se manifestaram indicando colegas: *ah, o A que fala bem* e o B. Lembrando que existiam cinco equipes de trabalho na cooperativa, o Presidente sugeriu que cada uma indicasse uma pessoa e todos concordaram com a sugestão. Em seguida, passou-se a discutir o agendamento da primeira e da segunda entrevistas, concluindo-se que as demais seriam definidas em outro momento, já que todas seriam realizadas no próprio local de trabalho e durante o horário do expediente, conforme previamente combinado.

Portanto, após essa assembleia, inaugurou-se a etapa de realização das entrevistas com os trabalhadores, cujas idades variam entre 35 e 60 anos, possuindo nível de Ensino Fundamental, com escolaridade entre 4ª e 5ª série. Ao iniciar, os entrevistados eram informados sobre os aspectos éticos implicados na pesquisa e, depois de prestados todos os esclarecimentos necessários, era-lhes solicitado assinarem o Termo de Consentimento Livre e Esclarecido (TCLE), conforme anexo A. Cada entrevista teve uma duração média de trinta minutos, exceto uma, que se estendeu por uma hora e vinte minutos. Em todas as entrevistas, fez-se o uso do gravador e realizaram-se anotações referentes aos dados pessoais, registrando também eventuais observações sobre o comportamento não verbal dos entrevistados. A transcrição das mesmas ocorria logo após a sua realização a fim de garantir maior precisão das informações. Contudo, esse processo foi bastante demorado devido às expressões utilizadas pelos entrevistados, bem como por algumas formas peculiares de falar e variações no tom e na velocidade da voz. Após a realização da quinta entrevista, essa etapa foi considerada concluída ao se observar que as informações coletadas demonstravam exaustão quanto aos objetivos da pesquisa, revelando, também, suficiente saturação temática.

5.5 Análise do Material Empírico

Concluídas as etapas de realização das entrevistas e observações participantes nas assembleias mensais dos cooperados, passou-se à compilação do material empírico coletado, procedendo à sua sistematização e sua subsequente, análise.

No âmbito desta pesquisa, a análise do material foi realizada através da triangulação metodológica, comum nos estudos qualitativos, sendo um procedimento que reúne em um *corpus* empírico único todas as informações obtidas por meio de diversas técnicas de coleta do material. Assim procedendo, a análise estará levando em conta, de forma plena, todas as significações emergidas do contexto social e cultural que se pretende compreender.

Por tratar-se de uma tarefa eminentemente interpretativa, buscou-se amparo no método da Análise de Conteúdo, proposto por Bardin (2004) para sistematizar o material empírico em categorias temáticas, antes de confrontá-lo ao referencial teórico adotado. Segundo a referida autora, a análise de conteúdo constitui um conjunto de instrumentos metodológicos que asseguram a objetividade e a sistematização do material empírico. Trata-se de um método que é utilizado para analisar materiais qualitativos, buscando melhor compreensão de uma comunicação ou discurso, aprofundando suas características gramaticais, semânticas, ideológicas, entre outras, permitindo extrair seus aspectos mais relevantes (VALENTIM, 2005).

Segundo Franco (2008), o ponto de partida da análise de conteúdo é a informação (seja ela verbal, gestual, silenciosa, figurativa, documental ou diretamente provocada), a qual será analisada em diversas etapas. Essas etapas são divididas por Cauduro (2004) em três níveis de análise: no primeiro, categoriza-se e cataloga-se o material em profundidade, tendo o cuidado de não induzir ou interferir nas informações. No segundo nível da análise, devem-se realizar releituras até que um estágio de "impregnação" do conteúdo seja alcançado pelo pesquisador. Finalmente, no terceiro nível, realiza-se a triangulação propriamente dita, reunindo-se todas as fontes de informações e montando um "mosaico" único.

Seguindo o método da Análise de Conteúdo proposto por Bardin (2004) iniciou-se a análise do material empírico seguindo três fases: a pré-análise, a exploração do material e o tratamento dos resultados, onde, efetivamente, ocorre a inferência e a interpretação.

De acordo com Franco (2008, p. 52), a pré-análise é a etapa em que se realiza uma leitura flutuante, a qual consiste em:

> Estabelecer contatos com os documentos a serem analisados e conhecer os textos e as mensagens neles contidas, deixando-se invadir por impressões, representações, emoções, conhecimentos e expectativas.

A leitura flutuante contribui para que o pesquisador se deixe impregnar do conteúdo de forma livre e solta. Para Campos e Turato (2009), a leitura flutuante constitui um modo de escuta que não privilegia nenhum dos elementos discursivos, aprioristicamente.

Dessa forma, dedicou-se várias horas à leitura das entrevistas com o intuito de deixar impregnar ante a abundância do material que se tinha em mãos, percebendo a riqueza e a densidade das informações. Na etapa da exploração do material, começou-se a categorização pinçando, no material coletado, as informações que, de algum modo, respondiam às questões do estudo. Conforme Franco (2008, p. 59), "a categorização é uma operação de classificação de elementos constitutivos de um conjunto, por diferenciação seguida de um reagrupamento baseado em analogias, a partir de critérios definidos".

Logo, a categorização institui um processo de apresentação didático-científica dos resultados e discussões da análise dos dados. É didático porque procura dar certo ordenamento a uma aparente "massa caótica" de sentidos, tornando mais plausível o entendimento do fenômeno pesquisado; científico por ter embasamento teórico e seguir regras consagradas pela comunidade científica (CAMPOS; TURATO, 2009).

Segundo Bardin (2004), esse processo se dá pelo desmembramento do discurso em categorias, sendo que os critérios de escolha e de delimitação orientam-se pela dimensão da investigação dos temas relacionados ao problema de pesquisa, identificados nas falas dos entrevistados.

Para Franco (2008), a criação de categorias é o ponto crucial da análise de conteúdo, sendo um processo longo, difícil e desafiante. Campos (2004) complementa que as categorias são grandes enunciados que abrangem um número variável de temas, conforme seu grau de proximidade, exprimindo significados importantes que atendem aos objetivos do estudo e criam novos conhecimentos.

Para a realização desta pesquisa, foram estabelecidas, *a priori*, apenas, duas categorias: vínculos familiares e vínculos sociais. Com essas duas categorias, mergulhou-se no material empírico e, a partir de tópicos emergentes – visualizados nas respostas dos participantes da pesquisa – que ocuparam um lugar de relevância nas leituras e releituras do material, estabeleceu-se oito subcategorias *a posteriori*. O termo relevância, aqui, não significa repetição numérica nos relatos, mas diz respeito à força apresentada por algumas temáticas para responder às questões norteadoras, contribuindo para o desenvolvimento de conhecimentos novos e garantindo material consistente para maior aprofundamento do fenômeno (CAMPOS; TURATO, 2009).

Buscando visualizar o conjunto das categorias, subcategorias e as relações entre as mesmas, elaborou-se um diagrama ilustrativo (Apêndice C) para representá-las. No diagrama citado, os círculos representam as categorias definidas *a priori* (vínculos familiares e vínculos sociais), as quais foram interligadas, visando a ressaltar sua interdependência. Da categoria vínculos familiares, emergiram três subcategorias (atitude, financeiro/renda, "levar problema para casa") e, da categoria vínculos sociais, inicialmente, emergiram cinco subcategorias (trabalho, amigos e colegas de trabalho, bairro/vizinhos, comunidade e PEV, coopetição).

5.6 Validação Coletiva da Análise do Material Empírico

Conforme anteriormente mencionado, alguns paradigmas científicos contestam a credibilidade das investigações qualitativas, argumentando que essas não apresentam medidas exatas quantificáveis (MOLINA NETO, 2004). Considera-se esse debate estéril na medida em que apenas expressa posicionamentos epistemológicos de alguns pesquisadores que não reconhecem que inúmeras vertentes filosóficas podem subsidiar diferentes concepções de ciência.

Contudo, para garantir fidelidade ao modo como é concebida a construção do conhecimento científico e aos postulados das abordagens

qualitativas, submeteu-se a uma validação coletiva o processo analítico-
-interpretativo que se empreendeu sobre o material empírico. Desse modo,
após elaboração do diagrama ilustrativo, agendou-se um horário com todos
os integrantes da cooperativa para fazer uma explanação oral sobre as inferências da pesquisadora e submetê-las ao crivo de todos os presentes. O objetivo desse procedimento foi o de restituir ao coletivo de trabalhadores as
informações levantadas no decorrer do processo de pesquisa, organizadas
de forma esquemática. Segundo Campos (2004), esse momento é denominado de validação externa, onde se apresenta para o debate os resultados
preliminares ao grupo de pesquisa.

  Assim, estimulou-se e escutou-se as manifestações de ideias,
opiniões e julgamentos dos trabalhadores da cooperativa sobre alguns
pontos e/ou sobre a totalidade da análise, representada no diagrama ilustrativo. Segundo Dejours (1994, p. 110, grifo do autor), "estas são provas
que validam a *interpretação* dos fatos e não os fatos eles mesmos". Desse
modo, a discussão coletiva do esquema analítico representado no diagrama
sinalizou modificações que não apenas enriqueceram o esquema inicial,
mas fez aparecer um material suplementar. A partir desse material suplementar (confirmações e correções, provenientes do coletivo de trabalhadores), voltou-se ao material obtido através das entrevistas, confrontando-
-os entre si, bem como ao referencial teórico. Dessa segunda fase analítica, resultou a reelaboração do diagrama ilustrativo (Apêndice D), o qual
demonstra a inteligibilidade dos vínculos estabelecidos e vivenciados na
cooperativa pesquisada, a partir da validação coletiva.

  Vale ressaltar que sobre esse material empírico sempre caberão
novas e outras inferências, conforme os objetivos que se estabeleçam para
estudar o mesmo objeto.

6 - ENTRE VÍNCULOS FAMILIARES E SOCIAIS: OUTRO TRABALHO ACONTECE

Neste capítulo serão apresentadas as análises do material empírico coletado a partir das entrevistas, observações participantes e dos registros no diário de campo, bem como a discussão efetuada a partir da sua validação coletiva.

Na primeira fase da análise, a partir das categorias e subcategorias elencadas, buscou-se refletir e interpretar o material à luz do referencial teórico, buscando responder ao problema de pesquisa, assim como às questões norteadoras deste estudo.

Após uma primeira sistematização, submeteu-se o material empírico à validação coletiva e, em seguida, procurou-se debruçar-se sobre o montante de informações produzidas, a fim de interpretar e compreender os elementos que traduziam de forma mais fidedigna as manifestações dos vínculos familiares e sociais na cooperativa. Conforme refere Franco (2008, p. 57):

> É preciso destacar a importância que as interpretações latentes passam a ter no âmbito do processo da análise de conteúdo. São interpretações que não estão estritamente ancoradas nas mensagens emitidas.

A referida autora (p. 58) salienta, ainda, que:

> Deve-se considerar o conteúdo latente das mensagens, pois podem existir temas não explicitamente mencionados, mas subjacentes às mensagens, passíveis de observação por parte do investigador e cuja frequência de ocorrência passa a ser um elemento indispensável para que se possa efetuar uma análise mais consistente e uma interpretação mais significativa.

Desse modo, como resultado da segunda fase analítica, emergiu uma terceira categoria que, no âmbito deste estudo, denominou-se trabalho coletivo, conforme já representada no diagrama ilustrativo (Apêndice D). Cabe esclarecer que se posicionou intencionalmente essa nova categoria "entre" os vínculos familiares e sociais, a fim de ressaltar que sua emergência foi provocada pela força do material empírico, o qual aponta o trabalho coletivo como operador de uma outra (nova) configuração vincular. No entanto, é importante destacar que para efeitos de método de apresentação, neste estudo, abordar-se-á separadamente vínculos familiares, vínculos do/no trabalho coletivo e vínculos sociais. Contudo, considera-se impossível criar uma cisão entre estas instâncias, pois, na prática, essas dimensões não se separam no cotidiano da cooperativa. Ao contrário, misturam-se, interpenetram-se.

6.1 Vínculos Familiares

Discutir e estudar questões relativas aos vínculos familiares constitui uma tarefa comum para os profissionais que se dedicam à área da Psicologia, especialmente para aqueles que buscam essa formação com a intenção de serem terapeutas. Na trajetória de formação acadêmica da pesquisadora, ainda em nível de graduação, muitas vezes, dedicou-se a essa temática. Porém, sempre manteve uma relação de "desconfiança" com as postulações teóricas que conhecia. Talvez, por se identificar mais com as questões do trabalho, submetia essas teorias a uma indagação crítica, que, geralmente, elas não respondiam plenamente.

Essa "desconfiança" acompanhou a pesquisadora ao longo de dez anos de atuação profissional, sendo que, finalmente, encontrou oportunidade para alavancar um estudo mais sistematizado, o qual se concretizou nesta pesquisa. Foi assim que a temática dos vínculos familiares assumiu, neste estudo, a condição de categoria analítica definida *a priori*.

Ao longo do desenvolvimento da etapa de análise do material empírico, desta categoria inicial, emergiram, *a posteriori*, três subcategorias: financeiro/renda, "levar problema para casa" e atitude. Abordar-se-á cada uma delas, observando essa sequência.

6.1.1 Financeiro/Renda

Essa subcategoria destacou-se pela ênfase colocada pelos entrevistados nesse tema e também pelas observações obtidas nas assembleias mensais, onde os aspectos financeiros se fizeram presentes nas diversas pautas. Durante as entrevistas, quando questionados sobre como são os teus vínculos/relações familiares hoje, e se houve mudanças após a adesão à cooperativa, os entrevistados responderam que houve uma importante mudança na melhoria de sua condição financeira, a qual possibilitou a aquisição de bens para a família. Como referiu a entrevistada D:

> *Pras despesa da casa é muito bom, sai muito bem [demonstrando satisfação] dá... É, mudô, porque daí a gente pode comprá mais coisa pra casa e tudo. Mudô, mudô porque..., mudô na ... de comprá as coisa, arrumá a casa, até um carro eu comprei, economizei e comprei [com orgulho], melhorou muito. Nós tamo muito bem, os que tão aqui. Tá bom, porque se tá ruim o financeiro daí já, também em casa já fica né... Eu tenho depósito na caixa também.*

Outra entrevistada salientou que houve mudanças positivas no âmbito familiar, resultantes do seu trabalho:

> *Teve, mas pra melhor... Eu me mudei pra cá, vim pra cá, muita coisa melhorô na minha vida, consegui muita coisa que eu não tinha antes, agora eu tenho sabe, através do meu trabalho, porque melhorô a renda família sabe, familiar. (Entrevistada C).*

O depoimento abaixo também ilustra essas mudanças:

> *Depois que eu vim lá da colônia pra cá, bah mudou bastante minha vida né, porque eu lá na colônia, a gente não conseguia nada quase na vida né. Aqui a gente, a gente já conseguiu uma coisinha né, melhor. A gente não ganha tão pouco né também, vai indo né, vai melhorando. (Entrevistado B).*

Esses relatos demonstram de forma nítida as transformações ocasionadas na vida destas pessoas após a adesão à cooperativa. É possível perceber que o aspecto financeiro assume importância nos vínculos familiares, não somente pela possibilidade de adquirir bens e mais conforto, mas também porque na sociedade capitalista "ganhar mais" significa "ascender" à condição de consumidor, o que sugere valorização e "poder". Trata-se de uma lógica, eminentemente orientada para a acumulação.

Contudo, ao abordar as mudanças do trabalho assalariado para o trabalho na cooperativa, o entrevistado B alude para outro aspecto:

> A gente ganhava né, mixaria né, dentro duma firma, e se matava trabalhando, e nem tinha coisa pra dá pras criança nada assim de ropa boa e coisa, pra comê a gente ia levando né, mas não é fácil, numa firma ganha mixaria, tá loco, bah aqui mudô cem por cento né, tá loco não dá nem pra compará... Antes era pior, agora bah, melhorou, melhorou cem por cento.

Esse relato demonstra que as mudanças percebidas vão além do aspecto "financeiro/renda"; abrangem também a organização do trabalho. Ao comparar o trabalho fabril com o trabalho atual, o entrevistado B comenta, de forma direta, como seu trabalho anterior repercutia no meio familiar. Tratava-se da exploração do trabalhador, na qual sob a lógica do capital, as empresas entendem que o trabalhador faz jus somente ao salário previsto contratualmente (SINGER, 2003). De forma diferente, nos EES, todos os que trabalham são considerados sócios, sendo que a democracia e a distribuição equânime dos resultados são princípios fundamentais.

Ao apontar as mudanças percebidas no âmbito familiar, assinalando melhorias na qualidade de vida dos associados, o entrevistado E expressa os sentidos que se fazem presentes nas definições teóricas já cunhadas da economia solidária:

> *A grande mudança que eu vejo, principal e acho que é a mais importante ela é..., quando você tem resultado, econômico né, que daí você transmite um poco mais de segurança pra família, e dizendo que hoje tá melhor, entendeu. Então..., acho que na cooperativa a grande mudança foi isso, que deu um salto de qualidade de vida, né, de renda, então isso é no caso o que a gente conseguiu melhorá bastante né, na parte... Então, isso é uma grande mudança né, porque..., a gente conseguiu várias coisa, pra melhor né, daí então... mas acho que uma mudança grande assim houve no geralzão, em*

> *todos associados a gente percebe, uma mudança assim ..., como eu diria..., notável de grande porte assim que dá pra dize que muitos mudaram sua qualidade de vida, entendeu. Pensando em mim e olhando todos associados, a grande virada deles assim quando chegaram aqui e hoje, percebe que... E isso faz ..., e isso é uma questão gratificante, que você sabe que tá dando resultado positivo, tá ajudando, eles tão melhorando a qualidade de vida deles né, entendeu, que muitos pegaram e não tinham carro, e hoje a maioria absoluta tem carro. Então pegá um exemplo desse, muitos não tinham carro, tem, ou reformaram a casa..., que nem é poucos que hoje não tem a casa própria, e a maioria não tinha, daí então você percebe que ..., né, é importante isso uma mudança né... E acho que isso é uma parte importante, eu acho que do sucesso da gente, porque tu tá, tendo esse grande resultado de que é melhorá a vida das pessoa, né, então aí melhorando a vida dos associado a gente tá mudando a vida da família deles. Então hoje a gente tem um levantamento aqui da cooperativa, os dependente que se beneficiam são mais de cem pessoas [ênfase], [...] Bastante pessoas que vivem e depende né da renda, e isso trouxe uma grande melhoria pra essas pessoas também que né, são a família, é importante. [...] acho que o associado todo ele mudô muito acho na sua família [...].*

Depreende-se desse depoimento que o aspecto financeiro/renda possibilita aos cooperados garantir segurança às suas famílias, na medida em que vislumbram melhorias na qualidade de vida por conta dos resultados econômicos. Como afirma Simões (2007), a apropriação do dinheiro, a possibilidade da compra de imóveis, a fascinação pelas conquistas obtidas é sinônimo de qualidade de vida, principalmente em uma sociedade regida pelo capital.

Esse entrevistado fez uma importante associação quando afirmou que "melhorando a vida dos associados a gente tá mudando a vida da família deles". Essa afirmação demonstra a interpenetração dos vínculos, o que sugere que quando o trabalhador mudar, esse muda o coletivo e vice-versa. Isto é, considerando a subjetividade e a plenitude do ser humano, essa interdependência, demonstra que contexto e relações familiares influenciam-se mutuamente.

Enfim, ao escutar os entrevistados e observar os relatos dos trabalhadores da cooperativa, concorda-se com Tedesco (2001, p. 33) quando menciona que "a valorização do trabalho próprio, expressa na satisfação e na remuneração, é algo que tem de se fazer sentir", e não pode ser imposta por outros. Assim, os relatos dos trabalhadores expressam de forma viva as transformações dos vínculos familiares após a adesão à cooperativa.

6.1.2 "Levar Problema para Casa"

A denominação adotada para esta subcategoria visa a manter fidelidade ao modo como os entrevistados responderam quando indagados se houve mudanças nos vínculos familiares, após a adesão ao empreendimento. De imediato, os entrevistados associaram essa pergunta à expressão "levar problema para casa".

Conforme refere o entrevistado B:

> *Esse negócio de tá levando pra casa, pra família, não é, não funciona, então deixo aqui mesmo, pobleminha sempre dá né, são coisas que acontece pra gente né, como tu mesmo viu aquele dia lá na reunião deu...*

Seguindo essa mesma linha de raciocínio, o entrevistado A, diz:

> *É que eu não costumo assim misturá coisa do serviço pra casa. Acho que da casa deixa em casa e do serviço... (riso)... então eu não tenho que tá trazendo coisa do serviço pra casa... Claro que as vez o camarada, tem dias que tu trabalha meio forçado, o serviço tá pesado, eu chego em casa meio cansado, um pouco mal humorado, mas nunca costumo levá coisa, muita coisa do serviço pra casa. Eu acho que ali no serviço deixa só no serviço, de casa em casa, é isso que eu penso né, não sei se todos pensam a mesma coisa.*

Assim como a entrevistada C salienta: *levá pra casa isso não costuma acontecê, mas ás vezes já teve problemas né, de preocupação...*

As respostas dos entrevistados sugerem uma associação direta entre mudança e problemas, numa conotação evidentemente negativa, na qual expuseram o quanto buscam separar o que é "do trabalho" e o que é "de casa". Provavelmente, essa cisão seja uma herança da lógica capitalista que, por um lado, impõe um acúmulo de papéis e, por outro, não permite ao trabalhador expressar sua "subjetividade" no trabalho. Alegando que haveria uma interferência daquela sobre as atribuições profissionais, esta lógica exige "neutralidade" do sujeito ao exercer diferentes papéis (pai, mãe, trabalhador/a, dona de casa, mulher, homem etc.).

No sistema capitalista, conforme Antunes (2007, p. 127) "o trabalhador só se [sente] junto a si fora do trabalho e fora de si no trabalho. Sente-se em casa quando não trabalha e quando trabalha não se sente em casa [...]". Romper com esse ciclo ainda é um grande desafio para os trabalhadores, mesmo para aqueles que se inserem em um EES, pois trazem essa marca das experiências anteriores de trabalho.

Interessante ressaltar que os entrevistados, quando questionados sobre mudanças nas relações familiares, trouxeram a expressão "casa", a qual remete aos princípios da economia solidária, na medida em que propõe a construção de uma economia baseada no conceito original grego, que significa "gestão da casa". Segundo Quintela e Arruda (2003, p. 323), "somos responsáveis pela gestão de todas as nossas casas, desde o nosso próprio corpo, passando pela casa da família, a comunidade e o município, até a nação e o planeta terra".

Esses autores (p. 323) complementam ainda que:

> [...] A casa é importante, não por si ou em si, mas por abrigar o ser humano. Seu cuidado tem a ver com o bem-estar e a criação das melhores condições para que seus habitantes desenvolvam plenamente todos os seus potenciais.

6.1.3 Atitude

O nome dessa subcategoria surgiu a partir da expressão "levar para casa" que os entrevistados utilizaram, quando se indagou a respeito de poder levar para casa coisas positivas também... ou um pouco do sistema de trabalho da cooperativa... . Em suas respostas, percebeu-se que essas remetiam a mudanças em suas atitudes após a adesão à cooperativa.

Buscando suporte teórico para definir o termo "atitude", encontrou-se no campo da psicologia social uma indicação que permitiu seguir nessa linha de raciocínio.

De acordo com o Dicionário de Psicologia (1982, p. 139), atitude é "uma variável dependente de um processo de influência social". Assim, torna-se pertinente considerar que a adesão à cooperativa constitui um processo que exerce uma poderosa influência sobre as atitudes dos cooperados. Logo, o depoimento abaixo exemplifica transformações ocorridas no ambiente familiar:

> *Coisas boas a gente leva né, separá o lixo né, coisa e outra, isso aí a gente leva né, eu falei de coisa ruim... Lixo separado né, e até mesmo a limpeza uma coisa ou outra, eu já percebi depois que eu trabalho aqui, o cara vai em casa uma coisa ou outra né, ô vamô dá uma varridinha ali, uma coisa ou outra. É por aí mesmo.* (Entrevistado B).

O depoimento também evidencia que esse trabalhador passou por um processo de mudança, pois, além de demonstrar preocupação com a separação do lixo e com a limpeza da casa, também mudou sua atitude ao ajudar nos trabalhos domésticos, revelando mudança de atitude e de visão. A seguinte frase corrobora esta interpretação: *vai se mudando né, até a visão né, se tem que trabalhá sábado, tem que trabalhá, mas...* (Entrevistado E).

Ante a indagação sobre: alguma modificação a partir do momento que estás trabalhando na cooperativa é porque às vezes a gente aprende aqui algumas coisas no sentido de cooperação, de dividir mais as tarefas, e aí tem pessoas que acabam em casa mudando também..., a entrevistada C respondeu então:

> *Isso aí a gente sempre foi, porque a gente aprendeu, a mãe ensinô isso nós desde pequeno, essa tarefa a gente já aprendeu, essa divisão, a gente se criô na colônia e depois veio pruma cooperativa, mas bah, mas a mesma coisa, cada um tinha a sua tarefa em casa, minha mãe ensinô nós assim, assim ensinei meu filho, ele tem..., em casa cada um tem a sua tarefa, só que meu marido muito pouco pode me ajudá, mas ele tem as tarefa dele. Na sexta-feira ele tem que ajudá a limpa a casa, quando eu*

> *chego eu tenho que limpá a loça, tem que tá tudo no seu devido lugar. Tem muito a vê que aqui a gente faz tudo em grupo, a gente leva um poco pra casa.*

Seu depoimento mostra a divisão de tarefas existente em casa, na família, e que, um pouco dessa lógica foi aprendida com a sua mãe. Demonstra, ainda, envolvimento e divisão de responsabilidades para todos os membros da família, incluindo o marido que, tradicionalmente, na sociedade capitalista, com traços machistas, por ser considerado o "provedor" do sustento familiar, deveria ser "bem servido" em todos os aspectos. Na última frase de seu relato, C relaciona o sistema de trabalho (fazer tudo em grupo) com as atitudes, hábitos e comportamento que desenvolveu em casa.

> *Antes eu era bem agitada eu sofri bastante, aqui melhorô. Nunca mais deu sabe essas coisa assim. Aqui ó, o coordenador fala com as pessoa, concorda e vai todo mundo pra estera trabalhá, não tem esse lado né, de um não querê faze isso, todo mundo sabe suas tarefa* (Entrevistada C).

Esse depoimento remete ao processo de trabalho nas empresas privadas, à lógica que sustenta as relações de trabalho e que se traduz na expressão: "um manda e os outros vão para esteira trabalhar". No entanto, a forma como a entrevistada colocou não parece ter essa conotação, parece mais enfatizar o senso de responsabilidade do grupo, onde todos são responsáveis pelo trabalho. Diferente da visão capitalista, na qual o trabalhador vive o trabalho de forma fragmentada, desconhecendo a importância de suas atribuições para o coletivo.

O relato abaixo retrata uma mudança de atitude e, consequentemente, de vida de um trabalhador, quando refere que conseguiu parar de beber:

> *É, sim é, porque eu bebia demais, tá loco eu não sabia bebe. Até mesmo em casa é uma diferença né, bah tá loco, qual é a mulher que vai gostá de vê o marido bêbado né, acho que nenhuma. Parei faz sete anos.* (Entrevistado B).

Esse trabalhador é um dos mais antigos da cooperativa, sendo que anteriormente trabalhava em uma fábrica de calçados. Nesse sentido, parece que sua inserção no sistema de trabalho associado lhe oportunizou estabelecer outras relações sociais e, estas, parecem ter contribuído para sua mudança de atitude, a qual repercutiu diretamente em sua convivência familiar.

Além de operar transformações nas atitudes, ao experimentarem-se em um modelo de trabalho baseado na autogestão, parece que os cooperados transformam também sua visão de mundo. Conforme o depoimento a seguir:

> [...] E uma grande satisfação minha também é de tê cada dia que passa assim você vencê os desafio, você amanhã tá noutro desafio, e você venceu ele, e acho... que de todos que a gente... (Entrevistado E).

É notável nessa fala, o interesse por desafios e o desejo de superação, os quais exigem iniciativa e envolvimento de todos os cooperados. Essa atitude pessoal e essa percepção do coletivo são fundamentais para as iniciativas de economia solidária.

Enfim, os relatos dos entrevistados ilustram transformações nos vínculos familiares e, fundamentalmente, em suas vidas, após inserirem-se em uma experiência de trabalho coletivo cuja proposta é a de estimular o protagonismo de todos os trabalhadores.

6.2 O Trabalho Coletivo Reciclando Vínculos Familiares e Sociais

De acordo com Nardi e Ramminger (2008, p. 341):

> O trabalho não deve ser analisado apenas em relação às técnicas de produção e dominação, mas considerando a maneira como os sujeitos vivenciam e dão sentido às suas experiências de trabalho.

Nessa perspectiva, os depoimentos dos trabalhadores entrevistados corroboraram com essa afirmação, pois demonstraram atribuir outros sentidos às suas experiências de trabalho, sugerindo que esses novos sentidos engendram a emergência de outros vínculos.

Essa constatação empírica, portanto, ensejou a emergência (*a posteriori*) da categoria analítica: trabalho coletivo. A gama de informações oferecidas pelos entrevistados anunciou o trabalho coletivo como um vetor de vinculação, cuja força iguala-se à força da família e da sociedade, reconhecidas como os tradicionais vetores de vinculação humana. Assim, ao aprofundar a análise sobre essa nova categoria, identificou-se seis subcategorias fortemente interrelacionadas (transição, autogestão, planejamento, transparência, mercado, aprendizagem) que serão descritas a seguir.

6.2.1 A Transição do Trabalho Assalariado para o Trabalho Coletivo

Pode-se concordar com Tedesco (2001, p. 15), quando afirma que "a temática do trabalho torna-se uma questão central para a compreensão do processo organizativo e do tecido social". Contudo, a autora desta pesquisa se autoriza a ir além, afirmando que o trabalho constitui um elemento determinante para a compreensão dos vínculos sociais, a partir dos comentários trazidos pelos trabalhadores em relação a esse tema.

No início de cada entrevista, procurou-se resgatar, junto aos entrevistados, um pouco do seu histórico profissional, solicitando-lhes relatar as experiências de trabalho anteriormente vividas. Assim, foi-se constatando que todos os entrevistados haviam trabalhado em indústrias calçadistas e/ou metalúrgicas, sendo que apenas uma entrevistada já havia trabalhado em uma cooperativa de reciclagem. A partir de seus depoimentos, percebeu-se que a maioria ainda carrega resquícios dessas experiências, cuja principal característica é o modo de relação do tipo: "patrão-empregado". O depoimento abaixo ilustra como o modelo de trabalho que anteriormente seguiam ainda se mostra presente em seus argumentos:

> *Porque no momento o que que acontecia, o pessoal todo, os nossos associados eram todos trabalhadores da área privada, acostumado a te hora, apenas a cumpri hora sem compromisso de nada, eu fico aqui uma hora ou duas eu vou ganhá a mesma coisa, se eu fiz a minha tarefa ou então se eu não fiz eu ganhei a mesma coisa, e aqui se inverteu toda ela, entendeu.*

> *Você tinha que te a responsabilidade de produzi, te horário determinado e pra te um resultado você tem que mostra isso na prática né, então por isso que é um desafio. E pra gente foi um grande desafio porque a gente sabia disso, que podia vencê, mas na sua maioria ninguém tinha isso...* (Entrevistado E).

No entanto, aos poucos, os cooperados foram descrevendo e explicitando as diferenças entre o modelo "tradicional" e a forma de organização do trabalho por eles vivenciada na cooperativa. Em conversa informal, um representante da Diretoria, afirma: "é uma mudança, porque na fábrica trabalhando ou não, recebem no final do mês, aqui um depende do outro, eles cobram se fica parado. Se todos não trabalharem tranca".

Esses comentários denunciam o esforço que se impõe àqueles que precisam "inverter" a lógica capitalista para construir outra: a lógica da autogestão. De acordo com a Associação Nacional de Trabalhadores e Empresas de Autogestão (ANTEAG), a maioria das pessoas:

> Foi educada para atuar no mercado convencional, tendo como referência para o mundo do trabalho a relação de emprego. A ideia de ser sócio e trabalhador, comprometido com a produção e os rumos do negócio, pressupõe uma revisão de práticas, valores e mitos cristalizados (ANTEAG, 2005, p. 22).

Para tanto, é fundamental que os trabalhadores estejam dispostos a sair da condição de empregado e fazer diferente, encarando as mudanças para assumir outro lugar nas relações de trabalho e na vida:

> *[...] Até a gente vai mudando o hábito de vida né, com o decorrer do tempo hã, acho que a gente, cada trabalhador tinha um pensamento né, trabalhava num sistema de trabalho né, e depois mudô o sistema de trabalho e também começô a mudá até a relação mesmo disso né, o convívio com as pessoas né, assim sê mais... [...] Você parece que consegue..., começa a tê mais responsabilidade, né, num conteúdo né. E até o próprio trabalho da gente às vez exige um poco, que se mude. Então tem que mudá, muda bastante, a relação antes e hoje mudô bastante sim né, no trabalho...* (Entrevistado E).

> *É que assim... a mudança na verdade ela vem junto com o tempo e a própria mudança da gente mesmo né, porque a gente aprende, o tempo mesmo vai..., a gente vai aprendendo as coisa né, então... praticamente quinze anos de existência que a gente tá nesse novo sistema...* (Entrevistado E).

Depreende-se desses depoimentos o aprendizado, a caminhada que os trabalhadores decidiram percorrer para constituir a cooperativa COOLABORE e, principalmente, sua visão de trabalho como um processo transformador e desafiante.

> *A gente venceu assim... vários desafios né, na verdade..., o desafio grande foi começá, depois o segundo desafio foi de conseguir executar o que se pensava, entendeu. Você faz um planejamento dizendo que vai fazê isso e aquilo, e o grande desafio é esse, chega no que tu projetô (ênfase), e o nosso grande desafio assim que a gente projetô no início, é quando a gente começô, tê uma renda básica né, no recuso, e na época desses cem reais pra cada um de venda de material reciclado, entendeu, e daí o pessoal desafiou nós, nunca vão chega lá, não como que não, e até porque hoje passô, acho que mais dez anos, a gente tá com..., né, quase dez vezes (risos, satisfação) ganhando mais do que isso, do que o desafio no início, então foi... Assim eu lembro, até de vez em quando a gente fala pro pessoal: tu lembra do desafio que nós não chegaria a cem real, quando nós temo mais ou menos né assim..., então a gente conseguiu..., acho que o grande desafio foi esse de mostrá pro pessoal de que a gente trabalhando organizado a gente consegue fazê isso.* (Entrevistado E).

Com efeito, os trabalhadores planejam e organizam suas atividades previamente e, assim, socializam notícias sobre a situação do mercado, tais como: valores dos produtos comercializados, pagamento de clientes, panorama geral das vendas, atendimento de metas de venda etc. Também socializam data e valores da retirada mensal, informes de eventos e agenda de encontros com o Fórum dos Recicladores, capacitações, visitas técnicas, reuniões, resultados do projeto "Ponto de Entrega Voluntária" (PEV) e notícias das parcerias com os catadores, com o BNDES, com a Vonpar e a Prefeitura do Município.

Ainda que a compreensão de que é necessário criar outra cultura do trabalho seja uma barreira a ser superada pelos trabalhadores, práticas como as descritas acima podem contribuir para a superação dessa barreira. De acordo com Gervais (2006), a assimilação de que uma cooperativa funciona diferentemente de uma empresa mercantil é, talvez, a tarefa mais difícil de levar à frente. Mas, se levada adiante, os benefícios são rapidamente percebidos pelos trabalhadores.

> *Ah, o meu trabalho é uma coisa diferente, né, quanto mais tu trabalha mais retorno pode tê, né. Tu pode tê tua opinião e trabalhá numa empresa particular tu não tem, né. Até tem mas não te dão.... E aqui tu tem a possibilidade disso né, se tu acha que alguma coisa tá errada tê uma ideia melhor, **tu pode expor a tua ideia, eu acho que é esse o diferencial nesse tipo de trabalho**, nesse tipo de serviço eu acho que essa é a questão maior, né.* (Entrevistado A, grifo nosso).

O depoimento acima revela claramente a diferença entre o modelo de trabalho capitalista e o modelo de trabalho associativo, proposto pela economia solidária, o qual deve cumprir a função essencial de formar trabalhadores mais livres e focados no desenvolvimento da coletividade. Nesse sentido, o entrevistado A justifica a importância do trabalho coletivo:

> *Porque a gente sempre uma hora ou outra vai precisar duma mãozinha de alguém. Mas, nas empresas talvez nem tanto né, mas como aqui a gente percisa mais, faz fardo, tem que levantá fardo, a gente não consegue fazê isso sozinho, então tem que tá sempre pedindo a cooperação.*

E complementa:

> *[...] É muito pouca gente que são novato aí, têm bastante gente, com bastante anos aí, catorze, dez, doze. É quem gosta de trabalhar nesse tipo..., não vou dizer serviço, mas é... convívio né, mais a vontade, quando tem bastante serviço trabalha mais, quando tem menos trabalha menos, e é..., eu acho que é o pessoal fica mais a vontade, fica mais, como é que eu vou dizer, agregado, mais..., assimilam aquela ideia né de trabalhar de cooperativismo. Eu acho que isso leva o pessoal a ficar tanto tempo aqui.* (Entrevistado A).

O entrevistado entende que a baixa rotatividade existente na cooperativa deve-se ao fato de o trabalho ser desenvolvido em um espaço de convívio, de agregação, de liberdade e sustentado pelos princípios cooperativistas. Em uma das assembleias mensais, um cooperado afirmou: *não adianta acusá um ao outro, tem que se unir. Aqui é uma cooperativa todos tem que cuidá.*

A construção de experiências coletivas de trabalho depende da compreensão e da assimilação desses princípios por parte dos trabalhadores. Conforme enfatiza Lancman (2004 apud PINTO, 2007, p. 11):

> O trabalho é mais do que o ato de trabalhar ou de vender sua força de trabalho em busca de remuneração. Há também uma remuneração social pelo trabalho, ou seja, o trabalho enquanto fator de integração a determinado grupo com certos direitos sociais.

O entrevistado B, ao expor sua percepção sobre o seu trabalho, revela o esforço coletivo e a existência de integração e prazer no ato de trabalhar:

> *O que eu tenho pra dizê é que aqui dentro da cooperativa é bom de trabalhá demais tá, ih..., o pessoal pega bastante no serviço e é um lugar maravilhoso assim prá trabalhá sabe, a gente brinca e joga bola ao meio dia, e coisarada e tudo né, sai festinha e coisa aqui né, sexta feira às vezes nós fiquemo, fizemo carne, e coisarada, eu acho que é bom né. Depois que eu vim lá da colônia pra cá, bah mudou bastante minha vida né, porque eu lá na colônia, a gente não conseguia nada quase na vida né. Aqui a gente, a gente já conseguiu uma coisinha né, melhor. [...] mudou bastante ih... Agora é bem mais..., nem compara lá onde eu trabalhava, com aqui que eu trabalho agora tá loco.*

A diferença existente entre o modo como está organizado o trabalho coletivo e o trabalho organizado pelos padrões do capitalismo industrial, novamente, se evidencia no depoimento abaixo:

> Pesquisadora: Tu vês alguma diferença deste seu trabalho atual para o trabalho anterior?
>
> Trabalhador: *Ahã, eu aqui dentro né, eu vejo que é um trabalho, um meio da gente sobrevivê, né, reciclando e coisa,*

> *né, todas familia precisam de uma renda, né, í é da onde a gente consegue, né. Eu acho trabalha aqui né, tranquilo. Não, eu percebo que aqui..., aqui, é bem melhor de trabalhá, bem mais tranquilo trabalhá do que dentro de uma fábrica, dentro duma fábrica tá preso né, i ... não tem como né, e aqui é bom, bom de trabalhá, até nós jogamo de meio dia aí, bah é tri, é bom trabalhá aqui, dentru duma firma a gente fica preso né. (Entrevistado B).*

É interessante notar que esse entrevistado faz referência à reciclagem, ao contrário dos demais entrevistados, que pouco comentaram sobre esse tema, no decorrer das entrevistas, dando mais ênfase à relação que estabelecem com o seu trabalho e menos à atividade que desempenham. Segundo Singer (2005), é desejável que os recicladores visualizem seu trabalho como uma alternativa de vida superior àquela do emprego numa empresa capitalista. O conteúdo das respostas dos entrevistados sugere que esses trabalhadores ampliaram sua visão sobre o trabalho, percebendo-o em sua totalidade e não apenas restringindo suas considerações à execução das tarefas.

Em diversos momentos, os entrevistados mencionaram a sensação de liberdade que experimentam neste tipo de trabalho, onde não se sentem "presos" e "até jogam [futebol] de meio dia", conforme já mencionado acima pelo entrevistado B e confirmado no depoimento a seguir:

> *Esse meu trabalho aqui na cooperativa, eu enxergo ele como um trabalho... honesto, um trabalho de esforço, eu gosto muito desse meu trabalho que eu faço, eu gosto mais assim aqui na cooperativa do que de fábrica, porque é um trabalho de esforço e tu tá mais a vontade assim sabe, tu tá mais livre. Numa fábrica o patrão tá a toda hora em cima de você, mas não é que ele qué fazê isso, mas tem o gerente cutucando ele, daí tem que saí a produçoum, às vezes tu não tem nada a ver com o problema né, mas daí eles já tão assim cutucados, daí eles vem te descarregá aquilo em cima do funcionário, do empregado que tá ali ajudando eles. (Entrevistada C).*

Essa entrevistada também compara o trabalho na cooperativa com o trabalho na fábrica, descrevendo, de forma precisa, o jeito que se estabelecem as relações no trabalho dominado pela lógica do capital. Segundo

Antunes (2007), no trabalho capitalista, o trabalhador não se satisfaz, se degrada em prol da produção e às custas da sua exploração.

> A exploração consiste no controle do trabalho (força de trabalho e produto) em benefício de quem não é trabalhador. Para impô-la é necessário separar o trabalhador do controle da sua força de trabalho e dos recursos de produção. E isso, evidentemente, não pode ser conseguido sem dominação (QUIJANO, 2005, p. 510).

Contrapondo esse panorama, a entrevistada C expõe com satisfação como percebe seu trabalho na cooperativa, caracterizando-o como honesto, "mais a vontade, mais livre".

A liberdade não está apenas no discurso. Ao observar as assembleias mensais, os cooperados não somente se manifestam dando opiniões e sugestões de melhoria, como também se comportam de forma "solta", demonstrando que estão ali, vivos e ativos, participando daquele momento. Além disso, todos sabem o dia e o horário em que a assembleia será realizada, sendo desnecessário convocá-los ou emitir algum "sinal sonoro" para que compareçam. Durante a assembleia, alguns levantam e vão em direção à porta para fumar, outros saem para atender ao celular e retornam rapidamente.

Tanto que, no decorrer das entrevistas, os entrevistados expuseram sem temor suas aspirações e sugestões de melhorias:

> *Então cooperativa pra mim hoje, como tá tudo, ela é ótima, ela é boa, só que tem que tê, como te falei, soliedade dentro dos grupo, colega de trabalho não criticá o outro, e um ajudar o outro (deu ênfase a fala). Tem um colega de trabalho que às vez diz, ah aquele lá é novato... Tem que ajudá ele, tem que orientá ele, sozinho ele não vai sabê como funciona, como é que recicla, como é que ele vai separá os material, então a gente tem que prestá solidariedade pra ele, pra vê né, se ele vai sê uma pessoa igual nós. Já aconteceu, veio pessoas aqui que não deu certo sabe, evitô o serviço, não deu certo né, mas a gente deseja que essa pessoa ache outro serviço porque ninguém não pode ficá sem trabalhá.* (Entrevistada C).

Refletindo sobre o conceito de solidariedade, Razeto (2005) buscou em dicionários o sentido etimológico do termo e localizou algumas variações nas definições encontradas. Dentre tantas, destaca-se uma definição que considera solidariedade "um vínculo que une vários indivíduos entre si para colaborar e ajudar-se reciprocamente frente às necessidades" (RAZETO, p. 972, tradução nossa). Esse parece ser o sentido de solidariedade que se expressa no desejo de inclusão demonstrado pela entrevistada C, na declaração acima, ao referir-se ao novo colega de trabalho.

6.2.2 A Construção da Autogestão – Uma Caminhada Constante

Na economia solidária, o trabalho é concebido como prática e como princípio educativo, cujo horizonte é a criação coletiva de outra cultura do trabalho e de relações econômicas e sociais mais justas.

Nos depoimentos dos cooperados, torna-se possível perceber o esforço dos trabalhadores para construir essa (outra) cultura do trabalho. No decorrer das entrevistas, a comparação entre as experiências profissionais anteriormente vividas e a atual forma de trabalharem na cooperativa, frequentemente esteve presente na fala dos entrevistados.

Essa permanente e incessante tentativa de diferenciação parece ser o motor de um processo que, visando a transpor a lógica dominante, coloca em movimento uma transformação que começa pela percepção de si, autorizando-se a acreditar serem capazes de inaugurar outros modos de relação de trabalho para além do modelo assalariado. O depoimento abaixo ilustra um pouco este processo:

> [...] E não acreditava na verdade, porque **não acreditavam nelas mesmo, entendeu,** então..., então no início foi essa dificuldade grande mas se conseguiu vencê, porque até tem umas quantas pessoa que tão desde o início aqui com a gente [...] Imagina é..., a gente venceu todos o desafio e cada dia vence mais um né, mais ah.., o mais importante a gente venceu mesmo, que é chega, chega aqui né... [...]
>
> Pesquisadora: Isso que tu trouxeste é bem importante, parece ser um dos maiores desafios essa mudança do sistema, das pessoas serem responsáveis e dependerem delas, essa mudança é muito difícil...

> Trabalhador: *É difícil, é, o mais difícil foi no acerto, convencê as pessoas de **que elas seriam capazes de..., se elas mesmo né..., elas mesmo fazerem sua própria história** [se emocionou], e quem não acreditô é que saiu. Mas acho que quem ficô pra contá a história, acho que..., né, foi privilegiado.* (Entrevistado E, grifo nosso).

Torna-se evidente que simplesmente apresentar alternativas de trabalho e renda não basta. Fundamentalmente, somente por meio de um processo coletivo de mudança, esses trabalhadores conseguirão transformar os mecanismos subjetivos que os perpassam.

Segundo Lancman (2004 apud PINTO, 2007, p. 11), o trabalho tem uma função psíquica e é um dos grandes alicerces de constituição do sujeito e de sua rede de significados. "Processos como reconhecimento, gratificação, mobilização da inteligência, mais do que relacionados à realização do trabalho, estão ligados à constituição [...] da subjetividade".

Atentar para os aspectos subjetivos constitui a chave para a elucidação dessa equação, pois requer vínculos diferentes daqueles da condição de empregado para assumir o protagonismo de seu trabalho e, principalmente, permitirem-se fazer a sua história.

Nesse sentido, alguns trabalhadores já revelam seu engajamento e uma percepção de que são os principais atores nessa jornada. Conforme alguns fragmentos:

> *Nós temos potencial para fazer e fizemos. [...] Se cada um de nós assumir as responsabilidades, vamos trabalhar e atingir nossa meta. [...] Se a gente quer chegar a 30, depende de todos nós [referindo-se ao faturamento mensal]. [...] É compromisso de todos fiscalizar, [tratando-se da qualidade do plástico aglutinado]. [...] Todo mundo ajudá a cuidá do pátio.* (Diversos trabalhadores).

Essa confiança para gerir o trabalho demonstra que ao longo desses anos de trabalho conjunto esses trabalhadores desenvolveram uma visão coletiva, que viabilizou a constituição da cooperativa nos moldes de um EES. Para Dejours (2009, p. 53), "tudo depende da formação de uma vontade coletiva a fim de reencantar o trabalho".

No caso da cooperativa pesquisada, os trabalhadores foram se apropriando do trabalho por meio do exercício cotidiano da democracia, sendo que as assembleias mensais constituem o ápice desse exercício, onde todos têm espaço para manifestar suas opiniões, discordâncias, insatisfações e sugestões, conforme declara a entrevistada C: *[...] por isso tem as reuniões a gente tem que conversá pra vê, tê uma conversa pra fazê o certo pelo certo, pra não fazê o errado.*

Na medida em que o exercício da democracia se incorpora ao trabalho e à vida dos cooperados, tende a ocorrer a assimilação (quase) "natural" dos princípios do trabalho coletivo, contribuindo, assim, para a construção da autogestão do grupo. Segundo os cooperados: *nós somo cooperativa e não firma, então se tem serviço tem que avisá a todos e ver quem vai trabalhá. Nós temo um jeito diferente de trabalhá. Todo mundo tem que decidir, não somo firma. [...] cooperativa não é assim, tem que sê um todo, tem que comunicá.*

Conforme destaca Singer (2003, pp. 27-28), ao integrar uma cooperativa, muitos trabalhadores experimentam pela primeira vez em suas vidas o gozo de direitos iguais para todos e, principalmente, "o prazer de poderem se exprimir livremente e de serem escutados e, o orgulho de perceber que suas opiniões são respeitadas e pesam no destino do coletivo".

Além disso, a intensificação do prazer experimentado parece estar relacionada com o quanto e como suas opiniões contribuíram para as decisões coletivas. No caso da cooperativa deste estudo, nas assembleias mensais, antes de tomar decisões, os trabalhadores debatem o assunto, manifestam-se e propõem alternativas e, antes de iniciarem a votação, ainda estabelecem critérios para tal. Somente após esses procedimentos, votam.

Como salienta Lane (1998 apud CEDEÑO, 1999), na autogestão todos têm direito a voz e voto e participam diretamente das decisões. Todavia, esses momentos não estão isentos de tensão, contradições e, até mesmo, conflitos. Trajano e Carvalho (2003) advertem que não podemos cair no idealismo de que o trabalho colaborativo seja conflitual.

Com efeito, em qualquer situação de convivência e interação entre as pessoas, o embate de ideias, de opiniões, de preferências, de valores etc. costuma provocar tensões, porque o modo como é interpretada uma determinada situação decorre dos diferentes sentidos que são atribuídos aos fatos vivenciados. Contudo, deixar (ou não) a tensão transformar-se em conflito, depende dos desejos, das motivações, das vontades dos envolvidos.

Desse modo, frente a situações de tensão, os trabalhadores da cooperativa, costumam utilizar o sorteio como forma de evitar o conflito e chegar a uma decisão. Mesmo que aparentemente simplista, essa estratégia acaba sendo "democrática", porque não privilegia a posição de alguns em detrimento dos demais e respeita o direito de todos.

Nessa perspectiva, a prática autogestionária implica em um processo de construção coletiva de regras e critérios em relação aos mais diversos temas, inclusive sobre as condições através das quais as decisões serão tomadas. Na cooperativa, por exemplo, os trabalhadores discutiram e estabeleceram critérios quanto aos ex-associados:

> *Outros que resolveram saí, mas assim..., e muitos saíram e se arrependeram depois né, quiseram voltar, e a gente não aceita de volta quem sai. É critério pra não voltar, porque assim ó, no momento que tá ruim a coisa tu sai depois que tá bom tu volta, começô a acontece isso, entendeu. Então a gente..., então tá, então quem trabalha aqui pensa bem antes de saí porque depois não volta, então é critério que a gente tem de não aceita de volta, né, ex-associado não volta, então é... (Entrevistado E).*

Para o referido entrevistado, a implantação da prática autogestionária rendeu reconhecimento externo à cooperativa, tornando-a uma referência a ser seguida:

> *Eu acho que isso assim trouxe né, na nossa bagagem, na história da cooperativa assim, trouxe assim grandes referências né. Acho assim dentro do Estado e até no País, veio assim várias empresas, assim vieram pessoas, Ongs que vieram visitá a gente, de Manaus veio visitá aqui, porque o trabalho..., lá em Manaus sabia que aqui tinha uma cooperativa em Campo Bom que fazia isso, né. Algumas pessoa da China, que vieram visitá aí, então vieram visitá e conhecê esse trabalho né, que poderia ser em qualquer outro município, mas vieram a Campo Bom pra conhecê o nosso trabalho. Então a gente tem esse orgulho de... né. Então..., essa grande referência a gente tem no Estado aqui e vamo dizê no Brasil de..., a gestão que a gente pratica na verdade independente [...].*

Não obstante, o ponto alto dessa prática de gestão adotada na cooperativa é a forma como acontece a distribuição das tarefas. O entrevistado A comenta como organizam as equipes de trabalho e como ocorre o rodízio de funções:

> [...] Aqui a gente também tem, aqui tem os grupo de trabalho por equipe né, então as equipe quase sempre tão assim mais..., ficam mais junta né, a tendência é de ficar mais, mais agregada, mas eu acho que é tudo é da mesma conjuntura.
>
> Pesquisadora: Mas mesmo com o sistema de equipes vocês fazem rodízio?
>
> Trabalhador: É, é essas equipes que fazem o rodízio, é cada um, cada segunda-feira, por exemplo, é na sacolinha, daí terça nós trabalhamo no carrinho, é uma equipe né, cada equipe faz um tipo de tarefa, que faz o rodízio, cada dia é um serviço diferente daí. Aí quarta a gente vai..., quarta não tem coisa definida, aí cada um trabalha na estera daí né, num lugar lá. Daí quinta-feira a gente trabalha nas prensa, tem uma equipe de quinta-feira nas prensa, e aí sexta-feira a gente também vai, a equipe tá liberada pra trabalhá em qualquer da estera, daí.

O sistema de rodízio, além de permitir que os trabalhadores exerçam tarefas variadas, oportuniza-lhes experiências de aprendizagem. Segundo um cooperado integrante da Diretoria, "cada dia as equipes mudam de lugar, para que não fiquem disputando o melhor lugar e assim cada um sabe o que vai fazer".

De acordo com a ANTEAG (2005), formar um trabalhador em autogestão vai além da mera execução de tarefas, passa pela superação da dicotomia entre pensamento e ação, entre trabalho manual e trabalho intelectual. O entrevistado A explica o motivo que os levou a adotarem o sistema de rodízio na cooperativa:

> [...] É que antes dava muito pobrema né, dava muita..., um não queria fazer, um queria só escolher o serviço melhor, é que tem serviço meio ruim né, caçamba, buraco. Então aqueles que chegava primeiro se estabelecia no serviço melhor, e aí por isso que foi então feita essas equipe pra todo mundo trabalhar mais ou menos no mesmo serviço né, fazê sempre o rodízio no mesmo serviço, senão aqueles que ficavam por

> *último, toda vida ficava no serviço mais ruim, ou caçamba ou buraco.*
>
> Pesquisadora: Qual é a sua equipe?
>
> Trabalhador: *A minha equipe é de segunda-feira, na sacolinha. Começa na sacolinha e aí cada dia é uma equipe diferente.*
>
> Pesquisadora: A equipe não é por função, é por dia?
>
> Trabalhador: *É por dia, trabalha o dia todo naquela mesma, naquela função.*
>
> Pesquisadora: É uma forma de organizar?
>
> Trabalhador: *É pra coisa sê mais organizada né, o modo de organização, eu acho que é melhor né, pelo menos não se encontrou outra coisa. É o mais justo no caso né.*

A solução que os trabalhadores encontraram para gerir o trabalho possibilita a experimentação de várias funções, evitando a disputa por cargos ou funções, reduzindo, dessa forma, a competição. Segundo Fajn (2003, apud PINTO, 2006, p. 150), "a divisão do trabalho, as hierarquias internas, a classificação da remuneração, a atribuição de funções, tarefas e responsabilidades são um conjunto de lógicas organizacionais instituídas que precisam ser revisadas". Essas são promotoras de exclusão, porque (re)produzem a lógica da divisão hierárquica das relações de trabalho, classifica os trabalhadores, engendra cisões no processo de trabalho e automatiza os fazeres e as relações.

Desse modo, a implantação do sistema de rodízio de funções parece ser a forma mais justa de organizar o processo produtivo, pois viabiliza uma distribuição mais igualitária de funções e flexibiliza as relações de trabalho, abrindo espaço para torná-las mais solidárias. Referindo-se ao modo flexível como funciona o rodízio de funções na cooperativa, o entrevistado A esclarece:

> *As vez tem uns que trocam né, trabalham no lugar... as vez tem um meio com pobrema, com dificuldade, trabalha no buraco, ô na caçamba, aí troca né, mas isso aí quando há interesse de um e do outro.*

6.2.3 Planejamento

Planejar constitui um exercício aparentemente simples e, em geral, somente desperta interesse porque é considerado uma "ferramenta" fundamental para a gestão de "negócios". Contudo, a prática do planejamento envolve as pessoas em um processo que, além de técnico, também é social. Nesse sentido, não parece possível desconsiderar que também em torno dessa prática se estabeleçam vínculos sociais. Especialmente no processo de autogestão, onde o planejamento deve ser o resultado de uma construção coletiva.

Na cooperativa, antes da realização das assembleias mensais, ocorre a reunião da Diretoria, a qual elabora uma pauta e esboça um planejamento para a mesma. No entanto, na assembleia mensal conduzida pelo Presidente, essa pauta é submetida à apreciação dos associados, os quais sugerem outros assuntos não contemplados na pauta inicial. Sustentada no princípio da democracia participativa, a prática do planejamento é fundamental para definir os objetivos, as estratégias e os próprios rumos da cooperativa. Conforme salienta o entrevistado E, o planejamento é importante para: *[...] tê visão. Tem que tê visão, tem que..., estratégica e planejamento [...].*

Na assembleia ocorrida no mês de novembro de 2008, os cooperados avaliaram as ações do ano, organizaram as atividades relativas ao fim do ano e traçaram um planejamento para 2009. Esse planejamento apontou seis macroações que poderiam ser desdobradas em outras, conforme as demandas e prioridades que eventualmente viessem a surgir no transcorrer do ano vindouro. Assim, a entrevistada C indica valorizar a organização e o planejamento existente, ao destacar a importância de "cuidar" da cooperativa:

> *[...] Por isso que eu sempre digo, quem trabalha numa cooperativa, numa associação, sempre tem que tê todo o cuidado, tem que tê um coordenador e um secretário que cuida do trabalho, que teja competência, que sabe trabalhá ali.*

Ao valorizar a forma de trabalhar adotada pela Diretoria, a entrevistada C demonstra almejar que a cooperativa evolua porque reconhece a interdependência entre crescimento da cooperativa e crescimento de todos, em suas palavras:

> [...] Eu quero as coisa certa, que nem eu comecei a trabalhá aqui, eu vi tanta coisa boa, a cooperativa pra frente, nós temo o nosso ônibus e tudo, temo como ir e voltar, temo nosso refeitório, lá a gente ia a pé ou de bicicleta. Como eu vejo essa cooperativa aqui uma cooperativa pra frente, e organizada sabe assim, eles são pessoas competentes, têm a cabeça no lugar, se eles acham que isso aí não dá pra fazê eles não fazem, tem reunião entre a diretoria, eles conversam, o que dá pra fazê, o que não dá, mesma coisa se eles vão negociá os materiais, primeiro eles fazem a pesquisa, pra vê onde é que eles pegam preço melhor, tudo assim sabe? Bem planejado. **Hoje eu vejo a cooperativa pra frente, e sempre quero mais dela, sempre que ela cresça mais, nós crescemo junto.** (Grifo nosso).

Seguindo a mesma linha de raciocínio, o entrevistado E declara-se satisfeito, porque, além de superar as expectativas, a cooperativa alcançou as metas previstas no planejamento:

> [...] A gente planejô duas coisa que é fazê isso, planejô o segundo ponto que seria né beneficiá o plástico, o filme, acho que tá também excelente, a gente tá melhor que o planejado né, porque acho que em trinta dias a gente não ia conseguí fazê isso, na última reunião, acho que a gente conseguiu atingí o que queria, né, então..., acho que tá muito bom.
>
> Pesquisadora: Isso foi resultado do grupo, né?
>
> Trabalhador: *Do grupo todo, do grupo todo, eu acho que..., o grupo correspondeu né, e a gente também como administração respondeu que nem o grupo queria, acho importante que..., eu, você os resultados se iguais, quando você planeja uma coisa e esse planejamento, ele tê sucesso, então teve sucesso. [...] das coisa mais importante que a gente tem, acho que é, isso hoje que tá aí acontecendo assim né [se emocionou], de ficá feliz porque..., acho que de praticamente tudo que a gente planejô, a gente conseguiu vencê, [...], pra mim o grande sucesso nisso, porque depende do resultado que a gente planeja né, tem um planejamento [ênfase], você chegô nele, e até na vida pessoal mesmo porque, tanto no coletivo aqui, como na vida pessoal se pensô né, naquelas pequenas coisas, e até nas grandes coisas que se pensô você chegô lá, né , acho que isso é importante da minha parte isso..., porque*

chegá praticamente quinze anos assim, dentro do planejado é muito bom.

Salienta, ainda, a importância de vencer desafios, demonstrando o quanto a prática autogestionária é dinâmica e vivaz:

> *Acho que..., se parasse hoje a cooperativa eu taria satisfeito né, né de..., a missão tá cumprida né, acho que..., só que ela continue né, acho que... e uma grande satisfação minha também é de tê cada dia que passa assim você vencê os desafio, você amanhã tá noutro desafio, e você venceu ele, e acho... que de todos que a gente..., e que graças a Deus, eu digo assim porque venceu, ah..., tê saúde pra continuá lutando e ah..., é o desafio assim que nem a gente vencê...* (Entrevistado E).

Infere-se dos depoimentos acima apresentados que o esforço dos cooperados para organizar as atividades e planejar o futuro da cooperativa, confunde-se com o esforço para garantir a continuidade não apenas da sua fonte de renda, mas para a manutenção de sentimentos e emoções vivenciados por todos os que denunciam o grau de vinculação social que ali se estabeleceu.

6.2.4 Transparência

Um aspecto da gestão da cooperativa que merece destaque é a transparência com a qual os temas são tratados. Os cooperados expõem situações e problemas de forma clara e direta, discutindo de maneira aberta os fatos, o que proporciona a instauração de relações democráticas.

> Pesquisadora: É, foi importante que nem hoje, que tu esclareceste a questão das férias.
>
> Trabalhador: *Porque sai um zumzumzum aí tu vem aqui e não é assim e assado agora se tu que mudá as tuas férias, aí vai dá problema, então muda os critérios. Esclarecê tudo, e se quisé mudá aqui, a gente muda né. Daí botá, daí tem que jogá um poco a responsabilidade em cada um, porque é qué fazê isso e aquilo na hora, não, mas aqui não é assim. O esclarecimento*

> é uma coisa né..., **a transparência e o esclarecimento é uma coisa que funciona muito bem e você gera uma certa confiança** quando diz isso. Só que tu tem que dizê e sê..., não pode sê, e fica ah é assim não é, não, é assim, agora se quisé que seja diferente tu pode mudá o caminho né, o caminho nosso é esse, agora se nós quisé muda o caminho, nós mudamo (Entrevistado E, grifo nosso).

Esse testemunho ilustra a transparência e a flexibilidade presentes no trabalho, o que contribui para germinar vínculos de confiança.

> [...] Eu vejo que o pessoal confia muito na gente né, e gosta do trabalho [...] acho que é pela seriedade do trabalho eu acho né, não pode disvirtua o trabalho de lado nenhum né, tem que fazê tem que fazê e tem que dizê tem que dizê eu acho que..., as vez que nem eu disse, não que dizê, mas tem que dizê. (Entrevistado E).

Liberdade, flexibilidade e transparência são características fundamentais das práticas autogestionárias. Na cooperativa, efetivamente, essas características se mostram presentes nas experiências dos cooperados, especialmente quando algo não fica claro. Nesses casos, nas assembleias mensais, os trabalhadores questionam: *isso deveria ser aberto. Se nós decidimo tudo... Deveria ter sido falado. A cooperativa é isto. [...] Quem autorizou a pagá sem comunicá o grupo? A lei do cooperativismo diz que não pode pagá sem autorização do grupo, temo um jeito diferente de trabalhá* (Diversos cooperados).

Quando alguns assuntos geram polêmica, os trabalhadores não se furtam ao debate e às discussões, porque entendem que essa participação: *"é pra nossa evolução, serve pra cuidar mais das decisões"*. (Cooperado X).

Esse comentário corrobora Albuquerque (2003, p. 20), quando assevera que a autogestão abrange "o conjunto de práticas sociais que se caracteriza pela natureza democrática das tomadas de decisão, que propicia a autonomia de um 'coletivo'".

> Então, você, às vez diz o que não queria dizê, escuta o que não qué ouvi, mas tem que dizê e tem que escutá, e tem que fazê isso, **porque administrá não é uma pessoa né, é um grupo,**

> *é o coletivo*, então... [...] *a transparência, eu me refiro assim no momento que você gastô tanto, arrecadô tanto tê exposto pra qualquer um vê, entendeu. Por exemplo, a gente fez duas carga de material agora, tem a nota fiscal ali, o valor que foi carregado, a data e o valor que deu ali, tá aqui né exposto pra qualquer um vê. Tem no arquivo do computador e tem uma planilha no vestiário assim que o pessoal vai lá e vê, tem isso né, e às vez com o decorrer do tempo a gente tira uma nota, não consegue às vez na hora colocá lá né, mas daqui a poco alguém diz ó o que foi hoje, porque tem a data né do dia, tem a data, entendeu. E o conselho fiscal cobra também se não colocô, tem alguma coisa né..., ah aquela nota tal não veio aqui, não sei porque. Ah, acho que aqui, é o papel fundamental do conselho fiscal nessa parte de..., de cobrança.* (Entrevistado E, grifo nosso).

A cada dois meses, é apresentado na assembleia dos cooperados um balanço sobre o faturamento mensal da cooperativa. Para tanto, com o intuito de facilitar a visualização dessas informações, foi elaborada uma planilha (Anexo B) contendo a lista de produtos vendidos, sua respectiva quantidade e o valor arrecadado. Além dessa, circula outra planilha que informa quantos dias foram pagos para cada cooperado e os respectivos valores recebidos. Na medida em que, nessa cooperativa, a distribuição dos ganhos é feita de forma igualitária, somente poderão ocorrer diferenças de valores entre os cooperados se alguém trabalhou dias a mais no mês. Também informam e discutem sobre as despesas extraordinárias de cada mês e sobre o panorama geral das vendas.

Quando, eventualmente, os cooperados não compreendem e/ou não concordam com as informações apresentadas, instala-se certa "polêmica" entre os trabalhadores, a qual é debatida e discutida de forma transparente. Em uma dessas assembleias mensais, testemunhou-se um cooperado questionar o colega se iria falar algo do Conselho Fiscal, acrescentando: *tem que expor o número da nota. Ah, tem que falá o que tem que melhorá.* Contudo, tais manifestações não expressam conflito; pelo contrário, demonstram o "cuidado" de todos em relação aos interesses da cooperativa.

Nesse sentido, referindo-se ao "cuidado" dispensado à cooperativa, no depoimento abaixo, o entrevistado compara esse compromisso de zelo àquele próprio do papel de "pai":

> *[...] A gente tem que lidá aqui, num contexto cuidá de todos e até do individual só que não pode ir pro lado pessoal das pessoa, que às vezes uma quer, isso tem que ser pra mim, não, não tem exclusividade pra ninguém, porque daí começa a gerar conflitos. [...] a gente tem que se um poco pai aqui, ah tá com um poblema lá, o que que eu faço assim..., né, aí tenta ajuda dá uma força né, mas as vezes não..., você não né, tem que fica mais no geral da cooperativa né, não pode sai fora dela né. E muitas vezes acham que tu pode... , ô G me faz isso, ou Isabel tu pode fazê isso pra mim, não posso... Eu tenho que cuidá do bem da cooperativa, que cuidando do bem da cooperativa eu cuido bem de todos, agora quando eu cuidá exclusivamente duma pessoa..., disvirtua gera conflito. (Entrevistado E).*

Apesar de olharem para o coletivo, defendendo a igualdade e a isenção de privilégios, os cooperados não esquecem ou desvalorizam as questões individuais. Buscam cuidar da totalidade dos trabalhadores, mas não descuidam das questões particulares. Por exemplo, nas assembleias mensais, é comum divulgar informes de cunho pessoal ou, até mesmo, relembrar os limites de prazos para entregar declarações do imposto de renda.

Essas atitudes demonstram o quanto esses trabalhadores estão próximos do sentido etimológico do vocábulo **economia**, que significa **a gestão, o cuidado da casa** e, por consequência, **dos que nela habitam** (ARRUDA, 2003, grifo do autor). Também ilustram a afirmação de Lisboa (2003, p. 244), sobre o trabalho cooperativo, o qual "envolve um forte componente de afetividade, de contato e interação humanos, de cuidados mútuos".

Na obra de Novaes (2007), Tauile e Debaco asseguram que um dos aspectos positivos da emergência desses empreendimentos é a motivação maior dos trabalhadores para trabalhar, na medida em que esses se sentem proprietários, e existe transparência na gestão, propiciando a geração direta e indireta de trabalho e renda.

6.2.5 Mercado

O fato de os trabalhadores serem os protagonistas da gestão do trabalho exige-lhes que tomem conta de todos os aspectos envolvidos no negócio, desde pequenos detalhes que fazem parte do ciclo total da cadeia produtiva até a comercialização dos produtos. Para tanto, além dos aspectos sociais e ambientais implicados em seu trabalho, também devem estar atentos ao mercado, especialmente porque esse depende da conjuntura política e econômica. O entrevistado E, explica que:

> [...] Às vezes cê tem que sê um poco analista né, tanto da conjuntura, mundial, da conjuntura nacional, e até pra sabê o que tá acontecendo pra você passá aí o que quê pode acontece ou não, pra esse momento da crise mundial você tem que tá um poco atualizado, nem que não queira, mas a gente tem que até falá isso um poco da conjuntura mundial, até passá um poco, e às vezes nem sabem da conjuntura, mas tu tem que dizê conjuntura e explicá um poco o que qui é isso, o que que é aquilo, como é que tá, e qual é a perspectiva de mudança ou não, melhorá ou não, por isso tem que tê um poco, buscá essa visão aí das conjuntura, e transmití pra quem tá inseguro, que não sabe às vez o que tá acontecendo, acha que é uma coisa e é outra, ou... tá totalmente né, leigo nessa questão.

Segundo Eid e Pimentel (2005), para sobreviverem, os EES se veem obrigados a lidarem com o mercado, mesmo que esse propague características competitivas, próprias do sistema capitalista. As características excludentes do mercado capitalista motivaram alguns trabalhadores a constituir a cooperativa, conforme descrito abaixo:

> E até muitos assim, tiveram que buscá alternativa, porque a idade começô a pegá, o P, por exemplo, é um cara que na época tinha acho que média de quarenta, um poco antes. Então o trabalho já começô..., essa deficiência né. Então é..., a gente começô aí né. (Entrevistado E).

É interessante notar que esse trabalhador relaciona a exclusão com a deficiência, reproduzindo a lógica hegemônica do mercado capitalista que classifica como deficiente ou inapto quem tem, em média, quarenta anos. Weber (2003), afirma que o capitalismo educa e escolhe os indivíduos de que necessita por meio de um processo de seleção que define a sobrevivência econômica do "mais apto". Para esse autor, a economia capitalista é um imenso cosmos, no qual o indivíduo nasce sob a égide de uma ordem inalterável das coisas. "Isto obriga o indivíduo, na medida em que está envolvido no sistema de relações de mercado, a se adaptar às regras de ação capitalistas" (WEBER, 2003, p. 29).

Essa linha de raciocínio se mostra presente entre os cooperados, quando um deles comenta: *"não consigo me imaginar sem a cooperativa, até porque já tenho mais de quarenta anos".* Ao mesmo tempo, esse comentário também informa que, para eles, um EES possui um caráter inclusivo:

> Pesquisadora: Diferente de outros lugares, aqui o pessoal acaba ficando, não tendo tanta troca...

> Trabalhador: *E a própria né, o próprio mercado de trabalho depende da idade também eles não ficam contigo, avançô a idade também eles tão te mandando embora. E aqui é ao contrário, aqui a gente não tem essa parte né, tenta incluí mesmo, só se a pessoa não qué, entrá no sistema e no..., porque independente da idade, que nem a dona M tem sessenta anos e continua, tinha um que tinha setenta quase se aposentô e daí saiu. Mas daí ele não tinha mais condições física de trabalhá mesmo, até ele queria, só que a gente foi obrigado a dizê pra ele que não tinha mais condições, podia dá um..., daí a responsabilidade é nossa, ele não tinha mais condições física de ficá. Não fosse essa deficiência ele taria aí também, só que..., que nem a gente tem que começá a esclarecê o pessoal, tudo tem seu limite né* (Entrevistado E).

A esse respeito, durante o desenvolvimento da pesquisa, presenciou-se o momento em que os cooperados tiveram que decidir sobre a aposentadoria da Dona M, e se as pessoas permanecem trabalhando ou não, após se aposentarem. Nessa ocasião, constatou-se que os cooperados optaram por manter não apenas a Dona M, mas também definiram, como "regra", que os colegas que já atingiram a aposentadoria podem permanecer trabalhando, sem estabelecer-se um limite de idade, desde que possam conversar de modo transparente sobre as condições físicas e limitações para o trabalho.

A trabalhadora em questão conta com orgulho sua trajetória na cooperativa:

> [...] Daí...um amigo meu trabaiava aqui, daí ele convidô eu pra vim pra cá, daí eu vim e já fiquei trabaiando, tô até hoje graças a Deus.
>
> Pesquisadora: Então, agora fechou quanto tempo aqui?
>
> Trabalhador: Doze anos, vai faze treze em... agosto, dia vinte de agosto. Já passou algum, nós temo só em..., quero vê..., em uns quatro, de começo da usina, da cooperativa. Só que o P já tinha antes da..., ele trabaiava já faz mais anos que eles tavam aí, fiquei sempre trabaiando aí. Agora faz acho que uns três meis que eu me aposentei, daí agora tô trabaiando igual né, porque eu gosto de trabaiá, é ruim ficá em casa, e eu gosto de trabaiá aqui, a gente acostumô com as pessoa, embora que as vez tem que xingá o... colega, alguma coisa, a gente gosta dele, gosta da gente também.

Esses relatos ilustram o modo através do qual os cooperados subvertem a lógica imposta pelo sistema de trabalho capitalista e transformam o binômio inclusão/exclusão em solidariedade. Por conseguinte, nas assembleias mensais, um dos primeiros temas abordados refere-se à conjuntura atual, onde os cooperados discutem a situação do mercado dos resíduos, os preços e o pagamento dos clientes. Conforme os fragmentos abaixo:

> [...] Tá saturado o mercado de papel, tá vindo de São Paulo, tão aproveitando a carga e trazendo pra cá. O mercado tá baixando o preço. [...] Há uma recessão no mercado, tamo com 31 mil e não vendemo tudo, e hoje já é dia 27. Tamo com material e não conseguimo vendê. Não é possível pegar mais associados no momento. [...] Tá difícil de receber e vender. [...] Tamo abrindo novos compradores, saindo da mão de um comprador. (Diversos cooperados).

Com relação aos compradores de material reciclável, Singer (2001) assinala que, na medida em que há poucos compradores para o que é coletado, esses impõem um preço muito baixo para o que vai ser vendido, sendo que a maior parte do valor comercializado fica com as indústrias, com os intermediários.

No decorrer da realização desta pesquisa, nas observações participantes das assembleias mensais, percebeu-se o quanto os cooperados buscam se proteger desta prática de "exploração", discutindo meios para descobrir novos parceiros de comercialização e, também, para capacitar os "catadores"[8] que recolhem os resíduos diretamente nas ruas. Para os cooperados, a busca de respostas a tais ameaças justifica-se na necessidade de novos negócios e parcerias para acompanharem o mercado no qual estão inseridos. Afinal, para eles, é através da venda dos materiais que o faturamento de todos é garantido.

> [...] Qual é o significado de tê cooperativa né. Você não teria resultado, você não teria mudanças pra melhor né, eu acho que as coisa tem que sê, tê resultado, eu sempre digo pro pessoal tem que tê resultado positivo e que você continue cada dia tentando melhorá as coisa né, então..., isso é importante e a nossa luta é isso, é essa parte aí. (Entrevistado E).

Assim, mesmo que trabalhando sob os princípios da economia solidária, a comercialização dos produtos constitui um desafio, porque remete os trabalhadores às regras do jogo capitalista, nas quais as negociações se dão marcadas pela lógica do "ganha-perde". Nesse sentido, Eid e Pimentel (2005, p. 134) propõem que o mercado seja remodelado a fim de perder as feições atualmente predominantes, pois "não se trata de tirar de um para dar para outro, mas estabelecer-se um sistema de relações econômicas e sociais que permitam ganhos a ambos".

Desse modo, na medida em que a cooperativa busca manter relações comerciais com diferentes entidades (tais como: prefeituras, catadores, outras empresas do setor de reciclagem), mais do que se adaptar às "regras do jogo", está intervindo no mercado e, assim, contribuindo

---

8 A cooperativa estava construindo um projeto com a Prefeitura do município buscando a organização de um espaço (galpão) onde os catadores pudessem armazenar os materiais recicláveis para posteriormente serem vendidos junto com os resíduos separados na cooperativa, resultando em parcerias entre os participantes da cadeia de reciclagem.

para estabelecer esse "sistema de relações econômicas e sociais", onde os ganhos são de todos. Nesse caso, parece que há um reconhecimento por parte do mercado do potencial e da capacidade de organização da cooperativa. Por exemplo, no período da realização desta pesquisa, os dirigentes da mesma receberam convites para apresentar suas experiências em vários seminários regionais e, inclusive, em um programa de veiculação regional, produzido por uma rede de televisão (RBSTV).

Evidentemente, numa cooperativa que adota o modelo de trabalho autogestionário – no qual todos são responsáveis – faz-se necessário que os trabalhadores adquiram tanto uma visão organizacional estratégica do negócio quanto uma compreensão sobre a importância de sua relação com o campo político (ANTEAG, 2005). Por esse motivo, também deve buscar aliados e parceiros junto a entidades de apoio (como ONGs, Universidades, etc.), aos demais empreendimentos do setor e, principalmente, junto aos Fóruns. No caso da cooperativa em questão, junto ao Fórum dos Recicladores da região do *Vale do Sinos*, o qual constitui um importante espaço político onde, dentre outras, os trabalhadores discutem questões relativas ao complexo universo que os rodeia.

6.2.6 Aprendizagem

Enquanto subcategoria de análise, o tema da aprendizagem emergiu após a inserção da pesquisadora no campo empírico quando, ao escutar os trabalhadores e observar o cotidiano da cooperativa, diversificadas práticas de aprendizagem tornaram-se evidentes. Desse modo, decidiu-se acrescentar ao roteiro original das entrevistas uma questão adicional que indagava se os cooperados tiveram algum tipo de formação, algum estudo sobre economia solidária, e/ou se buscaram através de fóruns, visto que as práticas da cooperativa eram compatíveis com os princípios: cooperação, distribuição igualitária de renda etc.

Esse questionamento conduziu os entrevistados a um resgate histórico da cooperativa, comentando as suas origens, seus avanços e deslizes, destacando elementos que, para eles, fortaleceram sua caminhada no trabalho associado.

Ressaltando a importância das pessoas que idealizaram e fundaram a cooperativa, uma entrevistada afirmou:

> *[...] Ele ensinô nós tudo, depois ele deu um passo e foi pra frente, foi importante, eu achei muito lindo [se emocionou]. Ele era uma pessoa muito boa. Ele e o R ensinaram nós. Tu conhece o R?*
>
> Pesquisador: Sim.
>
> Trabalhador: *Ele vinha aqui uns dia por semana pra ajudá. Ele foi muito importante. O P e o G são umas pessoa muito importante nas cooperativa. É o P, não é de brincá, mas ele era uma pessoa muito boa. Ele é que..., se não fosse ele onde é que o pessoal tudo ia tá. Graças ao P, ele é que começô a cooperativa.* (Entrevistada D).

Os demais entrevistados salientaram o conhecimento tácito e as experiências cotidianas como as principais aliadas do seu aprendizado:

> **Nós fumo aprendendo na prática né, trabalhando e aprendendo né, formando as equipes né e coisa...** *Tipo segunda é uma equipe aqui na prensa, noutro dia no carrinho, e coisarada, assim vai indo né. E daí na terça é outra equipe, é tudo por equipe aqui. O serviço é dividido né, por exemplo eu puxo carrinho ali não sei se tu notô até meio dia, de tarde eu já vô pro outro lado, e o cara vem pra cá, e assim vai indo, fizemo rodízio no buraco lá em cima, e na caçamba, e daí nós vamo indo. Trabalho no buraco e daí vai indo, daí vem descendo pra baixo, sabe, trabalhá na sacolinha, por equipe. Por exemplo eu na minha equipe nós temo em cinco ô seis, minha equipe trabalha segunda aqui nas prensa, e quarta na rasgação de sacolinha, não sei se tu percebeu né, e daí na quinta eu puxo o carrinho, que é hoje né, e assim vai, é bem organizado aqui, assim eu pessoalmente vejo que é organizado, perto dos outros serviço que a gente vê por aí é organizado. Mas isso aí a gente foi aprendendo né, durante o tempo né que foi rodando e coisa assim, fizemo um cursinho né, foi feito um cursinho.*
>
> Pesquisadora: Foi feito o curso de limpeza ou S, como é que é? Como é que é mesmo? 5S?
>
> Trabalhador: *Foi feito isso e bah, melhorou bastante aqui pra nós. Daí nós começamo a organizá mais ainda, nós já tava meio assim, aí fizemo com a G aqui da prefeitura, conhece a G?*
>
> Pesquisadora: Só de ouvir falar.

> *Trabalhador: Bah aí melhoro bastante pra nós os 5S, ih tá loco, tava muito atirado, e ainda tá um pouco [...]* (Entrevistado B, grifo nosso).

O entrevistado destaca o aprendizado empírico adquirido por meio de seus afazeres, na prática diária, os quais os incitam a pensar e construir conjuntamente regras e critérios que atendam às demandas e necessidades do trabalho coletivo. O mesmo considera que a implantação do rodízio das equipes facilitou a organização do trabalho e afirma possuir outras sugestões de melhorias, justificando que: "tem que ajeitá devagarzinho".

Na declaração abaixo, outro cooperado também afirma que o aprendizado se deu no decorrer da caminhada:

> *Não, isso aí a gente aprendeu no caminho, não tinha muito..., porque também a gente era..., claro a gente tinha uma visão diferente, né, porque se nós não tivesse visão de cooperativa também nós não estaria aqui hoje com a cooperativa. A gente tinha uma questão..., mais associativa, nós já tinha essa visão, eu tinha né, e aprendi com um amigo meu de..., né, se também, ah eu pensasse diferente hoje eu não taria aqui, acho que ninguém taria aqui hoje né, [...] Então..., a gente aprendeu muito e eu acho que..., a preocupação né, do pessoal, de todos associado aqui é essa de sê mantê sempre cada dia mais, porque quando às vezes vence um contrato de trabalho, e vai pruma né..., renovação, tão todos preocupado né, entendeu...* (Entrevistado E, grifo nosso).

Lidar com a ansiedade e a incerteza geradas pela dependência do poder público é, sem dúvida, um grande aprendizado construído nesse percurso:

> *[...] A gente chegá no final e dizê assim que venceu mais uma licitação pública né, que tá com contrato mais pra doze meses, acho que isso é cem por cento, acho que isso é gratificante, você tem um estress, tem um monte de coisa, mais no final você venceu todas, acho que isso é importante né.* (Entrevistado E).

Além das experiências cotidianas, também as assembleias mensais dos cooperados constituem um espaço fértil para a aprendizagem. Naquelas horas de convivência, ocorrem trocas e difusão de saberes que contribuem para o desenvolvimento de todos.

Para a SENAES, o aprendizado do "fazer coletivamente" constrói outra cultura e outros valores, fundamentados na cooperação e na solidariedade, sendo determinantes para o avanço da economia solidária. Nesse sentido, em resposta ao questionamento referente às práticas da cooperativa ser compatível com os princípios da economia solidária, os entrevistados relataram que, ao sentirem-se sozinhos, buscaram conhecer experiências coletivas de trabalho e descobriram como estabelecer parcerias com entidades de assessoria, como a Cáritas do Brasil e o CAMP.

> *Não a gente buscô é, quando começô a surgí a economia solidária nós já tava andando também, não nesse termo de economia solidária, porque não existia essa coisa, é mais novo o termo, mas nós já andava começando a se organizá também assim, dentro dos setores assim..., de associações de trabalho, de cooperativa de trabalho, a gente tava puxando já isso, porque a gente sentia sozinho, entendeu, e daí a gente começô a buscá dentro da região do Vale do Sinos, dentro do Estado, começô a buscá alguma coisa entendeu, e daí que depois começô a surgí a economia solidária, nós já participava de várias né, se reuní com o pessoal da Cáritas e puxava alguma coisa assim mais..., estilo economia solidária na época não era né. Daí eles reuníam agricultor, a Cáritas do Brasil né que era em Novo Hamburgo eles puxavam assim, associação de moradores, produtores rurais, então puxavam e a gente ia junto, onde eles iam nós ia junto, tinha de repente um encontro, de qualqué nível, ou qualqué carona nós ia né. E depois a grande necessidade que a gente começô..., porque a gente tinha essa necessidade de buscá coisas novas, o que se fazê, tá no empreendimento hoje, mas como que você vai pra frente, não pode ficá parado no tempo né, então a gente começô a visitá assim cada empreendimento no..., dentro do estado, cada organização, como é que se fazia, levando e buscando conhecimento, e daí quando se implantô a parte na economia solidária, daí a gente começô também a participá né, ativa, buscá mais..., e depois disso houve uma grande evolução né acho que na economia solidária, e nos próprio empreendimento houve grande evolução, daí começô vim..., o que cê não tinha era pessoas que te ajudavam, te davam caminho, ah..., assessores na verdade que faltavam, e começô a se criá, e na época, uma coisa mais antiga que tinha era o CAMP. (Entrevistado E).*

Importante observar que foi a necessidade de buscar conhecimentos e apoio que conduziu os cooperados ao encontro do movimento da economia solidária. Por meio do intercâmbio que buscaram estabelecer com outros empreendimentos, tomaram conhecimento que existia na região uma discussão sobre economia solidária. Ao aproximarem-se, foram "aprendendo" que suas práticas cotidianas – aquilo que faziam de forma espontânea, quiçá, até intuitiva – chamava-se "cooperação", "distribuição igualitária de renda" etc. E mais, "aprenderam" que tais práticas eram princípios defendidos pelo movimento da economia solidária. Talvez, por esse motivo, para esses cooperados, praticar os princípios da economia solidária e aderir a esse movimento apenas tenha sido um caminho natural.

De qualquer modo, é inegável que esse encontro contribuiu para a re(construção) e disseminação de valores como a cooperação e a solidariedade, assim como para a consolidação das formas coletivas de trabalho já praticadas na cooperativa. De acordo com o CAMP (2002, p. 8):

> Essas experiências são um espaço pedagógico fundamental, no sentido do exercício de novas formas de relações de trabalho, produção e, portanto, da construção de novos princípios de organização social.

Como refere o entrevistado E:

> *[...] Nós tivemo que buscá mesmo sozinho, ir atrás do que tinha, uma determinada coisa que interessava a nós e ao grupo a gente ia buscá, e tentava levá uma parte do grupo junto né, pra buscá né, esse..., que faltava né.*
>
> Pesquisadora: E aqui dentro chegou a vir alguém para dar uma formação pro pessoal todo?
>
> Trabalhador: *Nós tivemô vários encontros de formação tanto regional como..., específico daqui da cooperativa, curso de formação tanto de segurança, tanto de cooperativismo né, um poco mais econômico, assim financero é, pro pessoal como é que se organiza financeiramente, como é que faz. E teve grandes assim, encontros de formação mais coletivo, não específico aqui porque às vezes o custo é elevado, então você reunia grande parte na região aqui e fazia pra sê mais barato, que o último que a gente fez foi até de conhecimento de plástico e algumas necessidade de aprendizagem, e daí a gente pra*

> *pagá um professor exclusivo é muito caro, um técnico em plástico já é meio alto, a gente reuniu uma grande parte do Vale do Sinos e reuniu, e mandô quatro pessoas de cada grupo pra fazê esse..., e depois o grupo vinha e fazia aqui, transmitia o que aprendeu lá. Então é uma coisa, uma questão assim mais barata de fazê, mais prática, não precisa levá um grupo todo num lugar ou trazê especificamente um..., um técnico aqui, a gente vai até ele... E a gente tem recurso também do próprio BNDES pra essa questão de formação, a gente tem que até uma parte fez algumas coisa, né, e daí tem mais recurso assim pra fazê essa questão aí de formação na área. Eles pagaram, o BNDES pagô curso pra todos de informática né que é uma parte que..., tinha uma grande dificuldade de algumas pessoa aí, né, então pagô isso. Então tem recurso disponível pra algumas coisa mais nessa área ainda né. Mas é, assim a gente busca faz quem qué, né, aprendê ou buscá uma nova visão aí, a gente sempre tá buscando, agora quem não qué, a gente também né..., não se interessô, nós..., a gente tenta o máximo possível né, a participação né, porque aqui se aprende né, então a necessidade de muitos é aprendê mesmo, porque a gente tem..., a demanda que nem eu falei antes é isso, o pessoal buscá novas ideias e boas.*

É visível que, na cooperativa, a adesão aos princípios da economia solidária não aconteceu por meio de um processo de educação formal ou por militância, mas de modo lento, através da interação entre os cooperados na prática diária; essa foi a mola mestra do aprendizado. Segundo a ANTEAG (2005, p. 22),

> O desenvolvimento da Economia Solidária e dos seus princípios envolve um processo lento de educação, de formação, qualificação e capacitação, tendo, necessariamente, que ser permanente e integral.

Além disso, os depoimentos dos cooperados enfatizam aspectos que são importantes para a autogestão: a formação de multiplicadores para socializar os conhecimentos e a liberdade para aprender. Por exemplo, quando o entrevistado E afirma: a gente busca faz quem qué, né, aprendê ou buscá uma nova visão, demonstra que o aprendizado não ocorre sob confinamento, delimitado por um espaço físico, e nem é determinado ou estipulado por outrém.

Com efeito, o aprendizado da autogestão deve ocorrer de modo diferente daquele que ocorre no espaço "escolar" tradicional. Para desenvolver a aprendizagem da autogestão, será necessário ampliar horizontes, trabalhar em rede e participar dos movimentos do setor. Em virtude da articulação em rede com as organizações de reciclagem, os cooperados realizaram encontros de formação coletivos que, dentre outros, contribuíram para a (re)formação de suas percepções sobre a realidade social, política e econômica, na qual estão inseridos. Demonstrando possuírem uma visão global do contexto, dois cooperados afirmam:

> *[...] A gente se organiza por regiões, o que é mais prático né, mas quando tem encontro estadual assim de formação ou planejamento a gente se reúne todos, porque às vez a gente faz um apanhado no Estado todo, como é que tá o Estado, região por região, Missões, Frontera, pra vê o andamento e trocá uma..., como é que tá lá e aqui, o que quê dá pra..., a gente faz seguido isso, no mínimo duas vez no ano. (Entrevistado E).*

> *Eu sempre participei bastante de reunião assim né, agora faz tempo que não fazem, mas quase sempre fazem encontros de reciclador ali em São Leopoldo [...]. Aqui dão assim uma... Tem o G, o P que falam sobre esses assunto, essas questão, então a gente... e também no dia a dia também a gente aprende muita coisa aí né. Com essa ideia assim de meio ambiente né, a gente que trabalha com isso é obrigado né, a tê um pouco de conhecimento, claro que não é o ideal mas a gente aprende um pouco, no dia a dia. (Entrevistado A).*

Também a entrevistada abaixo, ao relembrar que teve encontros de formação em seu trabalho anterior, demonstra interesse em capacitar-se:

> *Nós tinha quando nós trabalhava em [...], nós tinha esses encontro. O pessoal daqui também participô, fora daqui. É bem bom se nós tivesse algo de economia solidária, que nem tem esses curso...* [Intervenção da entrevistada seguinte, que apareceu na porta]. *Ah, ano passado eles foram em Santa Maria.* Na feira de Economia Solidária em Santa Maria? [pesquisadora]. *Sim* (Entrevistada C).

Já o entrevistado E salienta que os cooperados deveriam ir em busca do aprendizado, ter mais iniciativa:

> [...] Então acho que eles poderiam aprendê mais, eu acho com isso..., e eu tento ensina dize como é que faz, quer dizê, ensiná não, mostrá o caminho, acho que é por aqui né. Então vem no meu lugar, onde eu tô, e pergunta onde é que tô, tenho que largá o que eu tô fazendo, tenho que ir lá... [...] se eu precisa saí..., no geral eles sabe da responsabilidade deles [ênfase], que eu tentô passá, em geral todos sempre sabe que a responsabilidade hoje é deles, não minha, eu sou responsável legal e não respondo né, e na verdade eu respondo mas, eu digo que eles tem a responsabilidade total deles né, então eu tenho que saí, tenho que me ausentá do trabalho, eles fazem o trabalho. Então é só a questão que eles podiam sê menos dependente, da minha pessoa né, entendeu. E eu sempre digo pra eles né, quando não sabe fazê uma coisa pergunta pra quem sabe, vai atrás de quem sabe, tu vai sabe fazê daí, não mas eles não sabem fazê, é isso e pronto, e não fazem daí não procuram, então..., mas eu não canso de passá isso pra eles, não sabe fazê, vai atrás de quem sabe, que tu vai sabê, porque quando eu cheguei aqui eu não sabia fazê nada, não sabia nada, e agora eu..., na verdade como é que eu aprendi foi sendo obrigado a aprendê, entendeu. [...] É, esta dependência é grande, né, eu sinto muito isso, a gente poderia tá..., né... tá mais avançado um poco, né .

Evidenciam-se, nesse depoimento, resquícios da experiência de trabalho assalariado, o qual restringe a aprendizagem a uma instância hierárquica, fomentando a dependência dos trabalhadores. O comentário a seguir também ilustra os efeitos remanescentes da lógica capitalista: *e você às vez, eu tenho que fazê dez coisa numa hora, entendeu, tem que fazê, cuidá do trabalho, cuidá das pessoas, cuidá do financeiro, fazê comercialização e resolvê tudo* (Entrevistado E).

Nesse sentido, na ocasião da validação coletiva do material empírico, após a explanação da subcategoria atitude, um integrante da Diretoria comentou que alguns cooperados ainda entendem que faz parte das atribuições do Presidente ou da Diretoria "fazer tudo", complementando que não é assim: *ah, vou deixá pra eles resolvê*.

Conforme salientam Picanço e Tiriba (2004), a prática da autogestão requer, de seus protagonistas, atitudes que a cultura empresarial preponderante busca silenciar. Para tanto, é preciso questionar as certezas, incentivar o novo, descartar paradigmas e, principalmente, vencer o que nos paralisa, e libertar-se do que nos aliena (THUMS, 1999). Desse modo, o sucesso do processo de autogestão passa pela disponibilidade de cada trabalhador em assumir outros lugares e buscar, constantemente, não reproduzir velhas práticas referenciadas no modelo capitalista. A autogestão representa um processo de aprendizado contínuo, porém não linear; pelo contrário, a aprendizagem que contribui para o processo de autogestão pressupõe uma continuidade que ocorre no rastro de um movimento espasmódico e em espiral (FARIA; DAGNINO, 2007).

6.3 Vínculos Sociais

Durante muitos anos, a teoria social moderna afirmou que os vínculos sociais seriam cada vez mais racionais e contratuais. No entanto, as teorias pós-modernas resgataram o papel da subjetividade e das paixões, passando a considerar o vínculo social como resultado de dimensões não racionais que, paradoxalmente, são capazes de engendrar comportamentos cooperativos (LISBOA, 2003).

A partir dessa perspectiva teórica, torna-se possível supor que as relações de trabalho que se estabelecem no âmbito da economia solidária enraízam-se nos vínculos sociais. Seria essa base vincular que, ao dotar as atividades coletivas de um sentido de compartilhamento, permitiria a abertura progressiva dos sujeitos para práticas de trabalho que consideram a situação social dos atores implicados, conjugando relações diversificadas.

Nessa perspectiva, os trabalhadores expuseram aspectos relevantes que constituem os vínculos sociais, através de suas falas, comportamentos e do funcionamento da cooperativa. Sendo que, a partir da fase inicial da análise do material empírico, surgiram cinco subcategorias relativas à categoria vínculos sociais (vide diagrama Apêndice C). No entanto, na segunda fase analítica, a categoria vínculos sociais sofreu modificações no que tange à subcategoria trabalho, pois essa deu lugar a uma outra configuração vincular descrita como trabalho coletivo (conforme item 6.2).

Desse modo, a seguir são apresentadas as análises que foram empreendidas sobre as subcategorias que compõem a categoria vínculos sociais.

6.3.1 Amigos/colegas de trabalho

No que tange aos vínculos sociais, considera-se que as relações de amizade ocupam um lugar de relevância na vida das pessoas. Baseando-se em Foucault, Naldinho e Cardoso Junior (2009), destacam que, nos séculos seguintes à Antiguidade, a amizade tratava-se de uma relação social muito importante, que permitia aos indivíduos viverem relações afetivas muito intensas.

Segundo Naldinho e Cardoso Junior (2009), a amizade caracteriza-se por ser uma forma de relacionamento, uma maneira ou estilo de ser e de se conduzir, buscada voluntariamente por alguns, que traz consigo um modo de pensar, sentir e agir.

Godbout e Caillé (1999) afirmam que, na prática, as relações sociais são transpassadas por sentimentos de amizade, reconhecimento e camaradagem. Nesse sentido, elaboraram-se questões que investigaram a relação/vínculo com os colegas e entre os colegas, e com os amigos, com o intuito de averiguar se houve transformações nesse processo.

Em resposta à indagação referente à percepção dos trabalhadores sobre o seu relacionamento com os amigos, os depoimentos indicam que os entrevistados consideram os colegas como sendo seus amigos, isto é, não há uma separação nítida entre amigos/colegas:

[...] trabaiava lá nós tinha uns amigo lá, agora eu tenho aqui, tá bom igual. (Entrevistada D).

É que a gente na verdade, os amigo assim..., os colegas né, acho que cada dia que passa vai melhorando bastante né. (Entrevistado E).

> *Ah eu..., a gente, as minha amizade que eu tenho conhecimento assim... Tu que dizê de fora? Eu acho que é a mesma coisa porque é quase sempre os mesmo né, esse pessoal que eu trabalho aqui a maioria é conhecido né alguns a gente já era amigo então continua a mesma coisa né. Eram poucos que a gente não tinha conhecimento. Então eu acho que não vejo muita diferença nessa questão aí.* (Entrevistado A).
>
> *[...] Eu me mudei vai fazê dois anos ali onde é que eu moro. Pra dizê que eu tenho amigos lá, eu tô te mentindo as pessoas não... é bom dia, boa tarde, ninguém conversa, é muito difícil conversá contigo, uma vizinha tomá um chimarrão contigo,*

> não existe, mas as pessoas, que eu vô no mercado, eu vejo pessoas ótimas, pessoas boas, minhas vizinhas também ali do lado, muito poco conversam, mas são pessoas boas. Tu consideras mais o pessoal daqui então, do que fora?[U]. É, que a gente convéve com eles no dia a dia, só o fim de semana que a gente não se vê, né. (Entrevistada C).

A convivência e os vínculos que estabeleceram entre os colegas demonstram que o trabalho na cooperativa se caracteriza como um espaço que vai além da mera execução de tarefas, possibilitando o cultivo de relações de amizade. Relações estas defendidas pelas iniciativas da economia solidária. Segundo Arruda (2003, p. 237), a socioeconomia solidária favorece:

> A complexa diversidade do ser humano, entendido como ser em processo de fazer-se numa teia de múltiplas relações, desenvolvendo seus sentidos, atributos e potenciais no contexto irreversível do espaço-tempo.

Já os depoimentos abaixo parecem traduzir de forma direta as afinidades e as diferenças que compõem as relações no cotidiano e, sem maquiar a realidade, os entrevistados revelaram os conflitos inerentes à convivência humana e o tensionamento que circunda os relacionamentos:

> É em relação ao relacionamento é bom né, de vez em quando a gente tem um atritozinho, mas nunca coisa assim que aquilo vá levar muita coisa a sério, de vez em quando a gente tem umas ideias diferente, mas nada que..., de atrito maior né. Eu acho que é legal assim, o convívio né com os colega de serviço. (Entrevistado A).
>
> É, aqui dentro, como é que eu vô te dizê, tem umas pessoa que a gente assim se acerta bem legal, bem tranquilo, tem outra que pessoa que já fica meio, nunca vamos se acertá bem igual, né, o que é normal né. Tem uns que a gente se acerta bem, tem outros que a gente não se acerta muito né, e assim vai indo né. O importante é tentá fazê o máximo pra não ofendê ninguém, nem coisa assim, tentar trabalhá direito né, é isso que a gente... que a gente tem a família da gente também né. (Entrevistado B).

Nesse sentido, a entrevistada abaixo salienta a importância do respeito nas relações:

> *Ah mas, tinha muito mal educado, daí agora o G falô que não pode, ah..., quarqué coisa eles pode mandá fecha aqui né, porque nós tem que tê educação, daí ele vai tê que..., daí todo mundo se importô, agora eles tão bem quieto, mas antes era ruim. Tem que tê respeito...*
>
> Pesquisadora: Tu falaste da relação entre eles, mas como tu vês a sua relação com eles?
>
> Trabalhador: *Ah, eu, eu, sô muito bem, me relaciono bem com eles. A gente respeita e eles respeita a gente* (Entrevistada D).

O depoimento dessa entrevistada parece assumir uma conotação de ameaça para que se estabeleçam relações de respeito entre os colegas de trabalho. No entanto, pelo tom empregado em sua voz, sugere um jeito de estabelecer limites, na medida em que todos são responsáveis pela cooperativa. É preciso que, em determinadas circunstâncias, alguns tomem a iniciativa de resgatar regras importantes para a convivência, tal como o respeito. Considerando que os trabalhadores carregam em seu histórico profissional referências baseadas em relações hierárquicas (instigadas pelo modelo capitalista de trabalho), supõe-se que é preciso tempo e convivência para modificar essa cultura. Nessa perspectiva, a economia solidária contribui, ao procurar tecer relações democráticas e não hierárquicas no trabalho, nos espaços de articulação e, sobretudo, na vida.

É importante destacar que essa questão (sobre como percebem a sua relação com os colegas e a inserção no trabalho), provocou uma reflexão e um desabafo das duas mulheres entrevistadas, apontando questões de gênero: "[...] Ah, eu acho nós somos poca mulher no meio de muitos home, tinha que te mais mulhé pra se uni, pra trabaiá também, precisava te mais mulhé " (Entrevistada D).

> *A minha... tem dias assim... eu me dô bem, eu não tenho assim crítica de nenhum, mas tem uns colegas ali assim que não gostam muito das mulher. Eu da minha parte eu acho que tem muita poca mulher ali [franziu a testa], eles tinha que dá mais oportunidade pras mulheres, nós só semo quatro mulheres* (Entrevistada C).

Quando a entrevistada disse que "tem uns colegas ali assim que não gostam muito das mulheres" expressa aspectos relativos ao gênero. Ou seja, em sua percepção há pouco espaço para as mulheres, reforçando sua afirmação ao dizer que há somente quatro mulheres (no universo de 35 cooperados).

Ao reivindicar mais oportunidade para as mulheres, remete-se a Dejours (2009, p. 53), quando refere que: "é graças ao trabalho que as mulheres se emancipam da dominação dos homens". Desde que esse trabalho não reproduza relações de dominação, submissão e que possa gerar independência, evitando estimular a divisão sexual do trabalho, que repete a ideia de que existem trabalhos de homens e de mulheres, e que o trabalho dos homens vale mais do que o das mulheres.

Ambas as entrevistadas salientaram aspectos relativos à limpeza do ambiente de trabalho (ainda mais se tratando de uma cooperativa que trabalha com resíduos/lixo), reconhecendo a necessidade de manter o ambiente limpo, e de certo modo atribuindo esta responsabilidade às mulheres:

> [...] Cooperativa é um lugar sujo, mas nós temo que limpá ele, nosso refeitório tem que sê limpo, nosso vestiário tem que sê limpo, nossos banheiro tem que sê limpo, então eu acho assim que nós mulheres nós tinha que... não é que nós não se demo, a gente se dá, mas nós tinha que sê mais unidas e sê mais assim, uma se ajudá mais a outra, e tê mais higiene na limpeza. (Entrevistada C).
>
> Nós somos quatro mulher, mas são só eu e a fulana que limpam, as outras não tão nem aí. Na segunda a fulana limpa o refeitório e na sexta sou eu que limpo, fica pesado.(Entrevistada D).

É interessante observar nesses testemunhos resquícios de uma cultura machista, na qual a limpeza compete às mulheres, mesmo que se tenha observado a presença de características mais igualitárias nessa cooperativa, através do rodízio de funções e da distribuição dos resultados, porém se fazem presentes as questões de gênero. Conforme o caderno de aprofundamento do FBES (2007, p. 67):

> Gênero é uma produção da cultura, que vai determinar os valores, as normas e os comportamentos que as mulheres e os homens devem assumir na sociedade e os diferentes papéis sociais esperados para cada um.

Dessa forma, observou-se que, quando questionados sobre como percebem a sua relação com os colegas de trabalho, as respostas ilustram o modo como os entrevistados se percebem e também como são vistos pelos colegas de trabalho. Cada um fala de seu lugar, da função que ocupa, das responsabilidades que assume na cooperativa. Conforme explicitado em mais este depoimento:

> *Acho que contribuí, acho que... , você, que nem eu disse, você tem uma responsabilidade nos ombro, carregá ela né, quase vinte e quatro horas carregando essa responsabilidade de fazê tudo acontece né. Então você tem que sabê que chegô o fim do mês tem que tá tudo certo, tem que fazê pagamento, tem que fazê que seja, seja cada vez melhor né. E quando dá um poblema você tem muito a sensação de que ah, assim, financeiro, reduziu um poco né a nossa..., entendeu, então você tem que transmiti aquilo, e a sua responsabilidade de tentá buscá onde, buscá isso e às vez você não tem, tenta né... A gente tentô, tá tentando agora buscá um poco mais de agregação né mas, é..., as vezes encontra dificuldade assim é de... (Entrevistado E).*

Após questionar sobre os vínculos com os colegas na cooperativa, indagou-se sobre *como se constituíam os mesmos nas experiências de trabalho anteriores*:

> *Não, não há muita diferença, porque eu sempre... sempre fui assim, nunca fui muito complicado né, sempre gostei mais de me entrosá, dialogá, que eu acho que no serviço ou tando em casa a gente tem que tê né o diálogo com as pessoa, tem que se comunica pra podê..., que a gente queira ou não queira qualqué serviço que vá fazê uma hora ou outra a gente precisa de alguém, ajuda de uma coisa né. Então nessa questão eu não vejo muita diferença né, porque eu sempre tive no serviço, sempre tive facilidade de me agregá né... (Entrevistado A).*

Esse entrevistado não percebeu muita diferença, alegou que tem facilidade de se entrosar e salientou a importância da cooperação, reforçando a ideia de que um precisa do outro. Além disso, apontou a necessidade de diálogo tanto em casa quanto no trabalho, aspecto importante dos vínculos familiares e sociais. Como afirma Pichon-Riviére (1998, p. 5), "todo vínculo, implica a existência de um emissor, um receptor, uma codificação e decodificação da mensagem". Em suma, a comunicação e o diálogo são instâncias fundamentais do processo vincular.

A entrevistada abaixo comentou sobre a dificuldade de diálogo e sobre a falta de solidariedade e honestidade na cooperativa em que trabalhava anteriormente:

> *Na associação onde é que eu trabalhava de primero, eu enxergava muita coisa que era errada, conversá com um colega de trabalho não era assim... as pessoa não aceitava, foi, foi que a gente se cansô eu e meu marido com eles, porque ele era o coordenador lá, daí inclusive até eu ia ficá, daí ele não quis, a gente saiu de lá, faltava muita soliedade entre as pessoas, mais honestidade, tinha muita fofoca entre o grupo, era um vai e vem, levava e trazia, então que... que aconteceu, foi a sorte que associação não quebrô, porque saiu eu, saiu meu marido, em pouco tempo saiu quatro funcionário e a cooperativa era pequena, ela funcionava na época de dez, onze pessoas* (Entrevistada C).

Essa falta de solidariedade relatada pode ser compreendida através da afirmação de Strieder (2004, p. 313):

> Não dá para desconsiderar certa dificuldade natural dos humanos para a solidariedade. Aceitar a conviviabilidade com o outro é reconhecer a importância da insuficiência do indivíduo humano e a necessidade de nos reconhecermos integrantes e pertencentes à humanidade.

Já o testemunho abaixo indica a existência de transformações nos vínculos com os colegas da cooperativa, comparando com as relações que estabelecia nas experiências de trabalho anteriores:

> *Dentro da fábrica? Ah, daí nem compara né, aqui é bem..., bah, bem melhor que dentro duma fábrica tá loco, lá é... a gente não tinha muita amizade com ninguém, dentro da fábrica, eu acho que aqui a gente bem, bem legal mesmo de trabalhá. Tanto faz que já faz treze ano que eu trabalho aqui né. Eu gosto de trabalhá, dentro da fábrica não tem muito pra conversá com os outros, coisa assim. Aqui a gente... se distrai né.* (Entrevistado B).

O entrevistado E complementa:

> *Mudô, mudô totalmente, totalmente, porque... as empresa não tem muita relação com o outro, é difícil, se às vez tu pergunta uma coisa lá no teu local de trabalho e não..., e até porque a empresa não permite isso, que você faça..., né, então... é quase um isolamento né, você não tem contato direto, nos próprio intervalo de almoço, e café, você tem um espaço pequeno, e não tem assim essa relação que nem a gente tem aqui, a gente tem trinta e, nós somos trinta e pocos aí, ah jogá bola junto, almoçá junto, brincá junto e não tinha toda essa socialização que a gente faz, né. Qué fazê alguma coisa faz né, se programa faz, na empresa não tinha isso, nada.*

Esses entrevistados, ao falarem sobre suas vivências no sistema fabril, traduzem a lógica capitalista que incita ao individualismo, ao distanciamento e à desintegração das relações entre os trabalhadores. Conforme refere Gomez et al. (1989), no regime capitalista desenvolveu-se um processo de dominação do homem nas suas dimensões físicas, fisiológicas, de seu tempo, de seu espaço, de sua vontade, de seus desejos, de seus estímulos e motivações, para adequá-lo à produção.

O entrevistado E ainda acrescenta:

> *A integração lá era bem diferente, e porque a empresa que eu trabalhava também não queria isso também, que a gente sentasse junto e conversasse. Tem medo na verdade disso e..., então cada um no seu local de trabalho e ir pra casa, então, mudô isso totalmente.*

Para muitas empresas, a união dos trabalhadores é sinônimo de ameaça, pois, a partir do contato e dos vínculos estabelecidos, podem se fortalecer e reivindicar direitos, interferindo nas regras impostas e no aparente equilíbrio existente.

Na cooperativa COOLABORE, os trabalhadores percebem claramente as diferenças e mudanças propiciadas pelo trabalho coletivo, gestado por todos e construído por outros valores, que aproximam, integram e libertam. Como refere o entrevistado E:

> E até porque o nosso trabalho hoje, na área que a gente faz o serviço de cooperativa, tem que sê mudado, porque se você não tem essa relação né, você não trabalha então, daí você não é uma cooperativa, você tá sendo outra empresa qualquer, só de fachada, porque quando você não tem entendimento e diálogo de discutí o que tá certo e o que tá errado, daí você não tá sendo..., né.

Nesse sentido, Souza (2003, p. 10) afirma que:

> Os relatos indicam que nos empreendimentos solidários vêm ocorrendo outros ganhos diferentes do econômico em si, tais como autoestima, identificação com o trabalho e com o grupo produtivo, companheirismo, além de uma noção crescente de autonomia e de direitos cidadãos.

A citação acima também pôde ser evidenciada durante as assembleias mensais, quando os cooperados discutiam e sugeriam datas para as confraternizações e para a festa de aniversário da cooperativa, demonstrando que a noção de autonomia pode desencadear um processo de decisão coletiva das atividades a serem realizadas. Portanto, o entrevistado E salientou:

> [...] Acho que o associado todo ele mudô muito acho na sua família, e a gente sempre quando faz as nossas confraternização, final do ano, a gente sempre reúne as família né, e a gente faz sempre aniversário dia cinco de novembro, então os quinze ano vai sê agora no dia cinco de novembro, quinze anos da cooperativa, não, é cinco de novembro, quinze anos. Então é sempre próximo, a gente vê o dia assim no calendário, dia cinco cai que dia? Faz antes ou faz depois né..., então a gente faz sempre uma né..., nós costuma fazê uma grande festa né, reúne, joga futebol, toma uma cerveja, come churrasco né, reúne todos familiar aí, com exceção de algum que não vai, mas é poco. A maioria se conhece já de anos né, porque não tem é..., só os mais..., que são últimos que pegaram aqui, é pocos que não se conhece na verdade família.

Outra atividade que possibilita a aproximação entre os trabalhadores é o futebol, praticado todos os dias após o almoço. Sendo que até nessa atividade de lazer organizam-se de forma democrática, pois todas as sextas-feiras realizam sorteio dos times, porque acreditam ser a maneira mais justa de possibilitar a participação de todos e de não correr o risco de alguns não serem escalados para o time, gerando exclusão, "panelinhas" e disputas intensas. Mesmo que o jogo possa despertar certa competição, esta atividade parece ser um momento prazeroso de integração entre os cooperados, onde ampliam seus laços de amizade. Para Naldinho e Cardoso Junior (2009), a partir da amizade é possível criar um modo de vida, uma ética, bem como uma cultura.

Um pouco dessa cultura e da ética que os cooperados estabeleceram é perceptível nas respostas à questão: **como você percebe as relações entre os colegas de trabalho?**

> *Ah! Entre eles? O grupo assim que eu vejo pra trabalhá aqui é..., é uma maravilha, sempre tem uns dois, três né que trabalham menos né, mais o restante do pessoal aqui, dos trinta aqui olha, o neguinho pega aqui, mas tem uns que são meio arriado. É, sempre tem uma encrenquinha, coisa e outra né, assim sabe...* (Entrevistado B).

> *"É..., sabe sempre tem..., uns que se encontram mais nas idéia, ou por..., debate sobre futebol, sobre né, política, então sempre tem esses grupinho, mas nada que tenha seja diferenciado".* (Entrevistado A).

Esses entrevistados expõem os conflitos que permeiam as relações de trabalho e as diferenças entre os colegas, como referem Naldinho e Cardoso Junior (2009, p. 51), "o que se enfoca não é o apego a formas de identidade com características em comum, mas sim um esforço para a compreensão e aceitação do outro como diferença inquietante". Isso se torna um desafio quando prevalece na sociedade uma cultura homogeneizante que visa a suprimir as diferenças.

> *E às vezes né..., assim de querê, reconhecê algumas coisas né, que eu vejo a dificuldade de alguns reconhecê, como é que tá as coisa, tá bem..., eu não digo que tá bem às vez, entendeu. Tu fez uma coisa..., e poucos se diz que ah..., o associado tal fez tal coisa que tá bom, dificilmente dizem isso. Agora criticam, a crítica é bastante. Então é..., mas assim é coisas que..., no dia a dia tu percebe assim, no convívio das pessoa, acho que é um poco mais cultural, se criaram desse jeito.* (Entrevistado E).

> Pesquisadora:.E também se tu fosses ver as pessoas aqui trabalharam durante muito tempo em fábrica e o sistema da fábrica é diferente...
>
> Trabalhador: *É cada um pra si. Poderia assim sê bem diferente eu acho, até pelo tempo, da vivência deles, das pessoas que tem aqui, acho que poderia sê um poco melhor assim, a convivência deles né, porque a gente fica o dia todo trabalhando e percebe que um poco acontece isso né. Tu entendeu o que eu quis dize né, a vantage de qualquer jeito, se eu pudé ..., eu tenho que trabalhá uma hora, se eu pudé passá meia pra Isabel, eu passo e saio de fininho, entendeu.* (Entrevistado E).

Sem dúvida, para construir um EES é necessário despertar a cooperação e a gestão coletiva no lugar do individualismo, o que requer tempo e persistência. Como afirma Strieder (2004, p. 314), "para uma humanidade que prioriza pontos de desencontro, não será tão fácil criar [...] consensos éticos para que nichos solidários proliferem concretamente".

A valorização da solidariedade aparece novamente nas declarações da entrevistada a seguir:

> *O que eu acho importante é ter o grupo unido, e ter sol, sol, como é quê é mesmo?*
>
> Pesquisadora: Solidariedade?
>
> Trabalhador: *É, isso. Isso como eu te falei né, é o mais importante no nosso grupo. Complementa ainda: Entre eles...eu acho assim que tem que tê mais um poco de soliedade, tem que sê mais unido.* (Entrevistada C).
>
> Cooperativa *tem que tê honestidade, soliedade, um ajudá o outro, não criticá colega de trabalho, um ajudá o outro, isso numa cooperativa tem que funcioná, tem que tê isso, companherismo entre o grupo né, não existe isso, a cooperativa não funciona.* (Entrevistada C).

A opinião dessa entrevistada remete a Assmann e Sung (2000, p. 205), quando afirmam que "é preciso urgentemente resgatar relações de solidariedade e de cooperação por trás deste predomínio das relações competitivas e confrontativas". Para Lisboa (2003, p. 247), a solidariedade humana "é o mais difícil e o mais necessário dos sentimentos".

Segundo Assmann e Sung (2000), solidariedade não é palavra de um só significado, é um termo polissêmico e por vezes ambíguo. Esses autores destacam dentre os conceitos existentes um que a descreve como uma necessidade de interdependência na vida social, associado à coesão social. E outro que se caracteriza "como uma atitude capaz de respeitar as diferenças e se interessar pelos problemas da coletividade, principalmente dos que estão sofrendo mais com a situação" (ASSMANN; SUNG, 2000, p. 75).

Considerando esse conceito, que envolve o interesse pelos que estão sofrendo mais com a situação, um cooperado em uma assembleia mensal disse "tem que ser solidário", referindo-se a um colega que estava doente, recebendo apenas o benefício do Instituto Nacional do Seguro Social (INSS) sugerindo que a cooperativa o ajudasse financeiramente. Outro cooperado recomendou que chamasse o mesmo para conversar e utilizasse o Fundo de Assistência Técnica Educacional e Social (FATES) para ajudá-lo, dizendo: "imagina a situação dele, tá no lugar dele". Essas atitudes revelam a existência de solidariedade.

De acordo com Assmann e Sung (2000, p. 97), "solidariedade tem a ver com o modo de ver o mundo e a vida". A propósito, pode-se constatar que a relação entre os colegas é um tensionamento constante para equilibrar as diferentes visões de mundo e os interesses individuais e coletivos. Segundo Gervais (2006), o que o grupo constrói em termos da dimensão coletiva é o resultado do conjunto das dimensões individuais/pessoais de cada membro. Portanto, a maior dificuldade é justamente a de administrar o conjunto das dimensões individuais na perspectiva da construção de uma dimensão mais coletiva. Assim, as necessidades e percepções de como se configuram os vínculos diferem, conforme se percebeu, pela valorização da solidariedade e pela avaliação geral deste entrevistado:

> Mas assim ó, se for dá uma avaliação geral acho que..., é muito bom o grupo assim né, a gente consegue administrá tudo, acho que assim, na sua maioria, na sua..., não fica assim nada a dizê que..., né (Entrevistado E).

E, para finalizar as perguntas sobre os vínculos de amizade, buscou-se resgatar como se constituíam as relações com os amigos antes da adesão ao EES, visando a verificar se houve outras mudanças além das citadas pelos entrevistados:

> *Não, não piorô, porque eu entrei aqui inclusive eu já conhecia uns, a gente se conhecia sabe, meu irmão ele trabalha aqui, daí é... o Y, a U, que trabalha aqui, já conhecia eles, daí a gente já não achô muito assim uma diferença* (Entrevistada C).

Essa entrevistada não notou muita diferença em suas relações de amizade, pois se sentiu acolhida quando iniciou o trabalho, visto que, além de seu irmão, conhecia alguns colegas.

Já o entrevistado B, salientou possuir laços de amizade dentro e fora da cooperativa:

> *É, eu acho que..., é mais pra bem do que ruim né, tranquilo eu acho. Eu percebo que... eu tenho bastante amizade né, tranquilo, tenho bastante amizade né, onde eu moro, faz doze anos que eu moro no lugar, bastante vizinhança boa né. Isso é interessante né, eu acho que tá bom, bastante amizade, além daqui.*

O mesmo citou melhorias na amizade com os colegas de trabalho: *Não, acho que antes era, aqui é bem mais melhor, tranquilo de amizade do que dentro da firma, onde eu trabalhava tu qué dize né? É lá ..., aqui é melhor, aqui dentro.*

Analisando os depoimentos dos trabalhadores, percebeu-se que se por um lado houve melhorias nos vínculos com amigos e colegas após a inserção na cooperativa, por outro, acabaram se tornando "vítimas" de preconceitos pelo trabalho que realizam, exemplificado pelos relatos desta entrevistada: *Não, tá igual* [pronunciou humildemente]. *Com os que eu tinha tudo igual. Só as pessoa que não conhece né, que se acham né, o fulano trabaiá no lixo, nada a vê, eu não dô bola* (Entrevistada D). A referida entrevistada segue explicando:

> *De começo nós era..., nós tinha que pegá outro ônibus, daí as pessoa olhavam pra nós porque nós trabaiava no lixo né, achavam meio..., mas daí foram afundando, e foram falando que eu tinha... que sê respeitada né, porque nós era uma turma grande que pegava ônibus. Alguns se lavavam, outros não se lavavam daí cherava dentro do ônibus, e eles tinha razão né, de, de..., senti o chero de quem trabalha no lixo é..., não se lava e daí entra no ônibus e eles sente o chero, percebe, eles olhavam e ficavam... Daí a gente ficava com vergonha. Não*

> *vai muito tempo eu cheguei numa parada lá, daí uma muié disse pra mim: Ainda trabalha lá no lixão? Sorte que não tinha ninguém lá pra falá...*

E ainda relata outra situação vivenciada:

> *[...] Daí minha vizinha: "ah, ela trabalha lá no lixão", daí eu disse lixão não... é a usina nós trabaiamo, é falta de educação, eu disse pra ela, mas ahh falá em lixão, daí ela fico assim, agora ela... igual, ela também não era mais do que eu porque ela trabaiava de faxinera, igual, pior ainda que nós. Mas muita gente..., eu não acho que aqui é um serviço... comum assim porque..., só porque nós lidemo com lixo vai..., mas tem coisa pior que isso. Por isso que eu digo eu não acho feio trabaiá no lixo. Nós fizemo o bem pro meio ambiente e ganhemo o nosso dinheiro.* (Entrevistada D).

Além desses depoimentos, um cooperado também se manifestou no dia da validação coletiva do material empírico. Quando viu o diagrama ilustrativo (Apêndice C), disse que "muitas pessoas olham de forma estranha quando sabem que eles trabalham no lixão". Citou que, às vezes, as crianças das escolas que vêm visitar a cooperativa o encontram no mercado ou na rua e dizem: "ah, ele trabalha lá no lixo". Ao contar esses acontecimentos, demonstrou sentir vergonha diante das pessoas e nos espaços públicos.

De acordo com Calderoni (1997), sendo o lixo os restos finais de um consumo cada vez maior, algo indesejável, e pelo qual as pessoas pagam para se verem livres, aquele que exerce atividade profissional nessa área passa também a ser mal visto, o que se dá por meio de mecanismos socioculturais de difícil desvelamento.

Considerando os preconceitos relativos a este trabalho, algumas questões inquietaram: Como fica a autoestima desses trabalhadores? Até que ponto esses preconceitos dificultam a conquista de novos amigos, fazendo com que tenham que contar mais com os colegas de trabalho do que com as pessoas fora deste contexto?

A esse respeito, Vechia et al. (2007, p. 4), asseveram que:

> *[...] Normalmente as pessoas que buscam sua sobrevivência trabalhando com o lixo, têm muita dificuldade em manter uma*

autoestima alta em função da própria condição de trabalhar com o supérfluo da sociedade capitalista. Seja pelo preconceito social, pela baixa remuneração ou até mesmo pelo sentimento de inutilidade, é difícil a organização e a construção de uma consciência de que esse seja um trabalho importante.

Parece existir uma inversão de valores, pois, ao invés de esse trabalho ser valorizado pelo caráter social e ambiental que assume, acaba sendo desqualificado e menosprezado pela sociedade. De repente, isso possa justificar a pouca alusão às questões ambientais por parte dos entrevistados, pois mesmo que o enfoque da pesquisa não tenha sido esse, os aspectos ambientais se fazem presentes continuamente neste trabalho, mesmo que tenham sido pouco citados.

6.3.2 Bairro/Vizinhos

Essa subcategoria originou-se das questões onze e doze, que inquiriram sobre *o relacionamento com os vizinhos e no bairro antes e após o trabalho na cooperativa*, objetivando a verificar se houve transformações nos vínculos sociais dos trabalhadores no contexto em que estão inseridos.

As respostas abaixo revelam três percepções diferentes das relações com a vizinhança:

Pra mim é a mesma coisa, não mudou praticamente. Com os vizinho a relação que eu tinha antes, que eu moro um pouco antes lá né... (interrupção externa). *Não, mas não mudou muito* (Entrevistado A).

Não eu acho que, também melhorou bastante né, porque antes de, antes eu bebia bastante né, bebia uns trago e coisarada né, e agora faz tempo que eu não bebo mais né, melhorou bastante né. Jogo bola com os vizinho agora e coisarada (Entrevistado B).

Meus vizinho são..., até que eu gosto deles, até gostaria que eles virem na minha casa pra gente batê uma conversa, um bate papo, mas eles só assim, eles trabalham, do serviço eles vão pra igreja, são evangélico, sabe, eles têm muito pouco tempo. (Entrevistada C).

Essa entrevistada complementa:

> *E aqui já meus vizinho já é diferente, eles não..., a gente não senta junto e conversa, troca uma ideia, pra tê uma melhoria do nosso bairro, porque lá do outro lado onde é que eu moro, ali na D. A., pra baixo tem a favela, ali sempre as pessoa tão bem chaveada, porque..., até ontem a tarde eles pegaram um ladrão. Eu não tenho queixa dos meus vizinho, eles não..., eles me respeitam, eu respeito eles, se precisa de alguma coisa, às vez vem me pedi uma extensão, aí eu empresto pra ela sabe, eu não sô de dizê não, seu eu tenho uma coisa pra ajudá o colega eu ajudo, pode sê meia noite, me chamam, vamo lá.*

Esses depoimentos mostram que para um não houve modificações, mas para outros ocorreram melhorias e o desejo de maior proximidade, de um estreitamento dos laços. Lisboa (2003) salienta que, apesar do enfraquecimento dos laços sociais, esses não se dissolveram totalmente, pois senão impediria a continuidade da sociedade humana.

Com o intuito de averiguar como se davam os vínculos no bairro, questionou-se sobre *a participação em associações* para verificar se havia algum engajamento com os vizinhos e no bairro:

> *Na D. A. não sei porque não..., igreja, não tem nada assim de comunidade, só tem umas casa que eles alugaram que tem assembleia, mas a D. A. é grande assim, e a gente percebe né, não tem salão comunitário, não tem nada disso ali. Eu acho falta disso assim, de tê uma comunidade, de tê um salão, alguma coisa, eles tem ali nos apartamento já tem, eles já tem salão, eles planejam como é que eles vão fazê, mas nós não temo nada, se nós e os vizinho quisé fazê uma festa não tem um lugar, um centro comunitário, não tem nada disso.* (Entrevistada C).

A entrevistada, em um tom de reivindicação, diz que sente falta de um espaço para a comunidade utilizar, se encontrar, se organizar, enfim, conviver. Sua queixa é bastante procedente, pois muitas vezes esse espaço acaba sendo um ponto de encontro, um local de trocas, de construção e de criação coletiva, servindo também para solidificar as relações e instigar características solidárias no bairro.

Ao incentivar a solidariedade, afirmam-se compromissos éticos e com o meio ambiente, estabelecendo laços com a comunidade local e promovendo trocas de informações e experiências (CADERNO DE FORMAÇÃO 10ª FEIRA ESTADUAL DE ECONOMIA POPULAR SOLIDÁRIA, 2008).

Aproveitando aspectos levantados pelo entrevistado E, fez-se o questionamento abaixo e obtiveram-se informações interessantes sobre o início de sua trajetória em movimentos populares e processos associativos:

> Pesquisadora: Tu falaste antes que já tinha uma visão mais associativa, como se deu a sua formação nessa área de economia solidária, tu foste aprendendo na prática, no sindicato, na família?
>
> Trabalhador: *Não, eu tinha um vizinho né, na verdade, que tinha um poco esse pensamento, e daí da convivência foi que surgiu isso, convivência, começô a puxá pra lá, associação de moradores começô a me puxá, lá nos anos oitenta e alguma coisa, e daí comecei a participá, até ele disse, na primera eu lembro, vamo lá? Eu até vou te acompanhá, por amizade né. Então, graças a ele a gente começô a aprendê alguma coisa entendeu, tem essa parte aí, e depois... porque a gente daí tinha uns amigo que era o P na verdade que moravam próximo, a gente começô a tê né, roda de amigo, um bate papo, e começô também tê essa né... Então, daí uma época uns..., participavam do movimento sindical mesmo e..., e daí começaram vê que né..., vamo fazê uma coisa nova né, e aí começô a aprendizage, eu na verdade tinha dezessete pra dezoito anos, um poquinho mais ou menos, mas antes eu era totalmente leigo, se não é esse meu amigo na época na frente da minha casa, hoje ele é formado em adevogacia, direito né, formado em direito né, até é meu compadre hoje. Então, mas ele foi um..., pra mim foi um mestre na verdade que..., a gente aprendeu muito com ele. E daí depois começô né que..., a gente começô vê que de repente era possível fazê esse trabalho, com diferença né.*

É importante notar a influência das amizades nascidas no bairro e dos vínculos cultivados com os vizinhos na vida desse entrevistado, levando-o a vivenciar experiências coletivas e a despertar o desejo de fazer diferente e mudar os rumos da sua história.

Nessa trajetória houve um processo de aprendizagem, seja nas rodas de bate-papo, pelo exercício do diálogo, seja pelo convívio e estímulo a contribuir para um mundo melhor através da construção de outras relações de trabalho como, por exemplo, a fundação da cooperativa junto com alguns vizinhos.

Os contatos gestados no bairro e os saberes empíricos produzidos no convívio podem ter sido propulsores da adesão às características associativas e solidárias. Para Tedesco (2001), as ações solidárias pressupõem envolvimento, reflexão e avaliação, consciência adquirida pela experiência, por projeto político e social transformador e constante diálogo com os atores envolvidos.

Já a entrevistada abaixo descreveu um pouco do bairro em que vive e demonstrou não ter aproximação com os vizinhos:

> *Pra mim? É mas lá também tem muita gente que olha diferente né, mas, eu não acho nada..., porque é sempre assim as pessoa né, ninguém cuida de ninguém, cada um tem quê cuidá seu lado. Tem até uma capelinha ali na S. L., é nossa igreja, tem colégio bem pertinho.* (Entrevistada D).

Esse depoimento retrata novamente preconceitos quando diz que "olham diferente", como se quem trabalhasse na usina ou no lixão (como costumam denominar na cidade) fosse visto com estranhamento. De acordo com Mota (2005), essas pessoas precisam ser vistas e ouvidas não como uma curiosidade ou um subproduto do lixo, mas como uma categoria profissional.

Também é visível em seu relato o individualismo preponderante na sociedade capitalista ao referir que *ninguém cuida de ninguém, cada um tem quê cuidá seu lado.*

Quando se questionou: *Tu achas que teve alguma modificação do antes pra agora..., por exemplo, na forma como te enxergam, nas tuas atitudes no bairro ou com os vizinhos?*

> *Não, não, não, tudo igual. É a mesma coisa, desde aquele tempo que nós cheguemo é a mesma coisa. No mais tá todo mundo correndo pela água, eles olharam na televisão sobre a reciclagem de plástico, daí eles foram pegando né também...*
>
> Pesquisadora: Ah, eles contribuem então?
>
> *Contribuem. Por causa dos colégio, sempre vem aqui né, desde que nós comecemo os colégio vem aqui, aí as criança vão pra casa e levam...* (Entrevistada D).

A entrevistada disse não perceber mudanças nos vínculos com os vizinhos, mas assinala modificações nas atitudes relativas à reciclagem, atribuindo à televisão e ao trabalho que a cooperativa realiza com as escolas. Esse trabalho é uma forma de educação ambiental e de disseminar conhecimentos, valorizando e preservando o meio ambiente, sendo um dos valores que a economia solidária preconiza.

6.3.3 Comunidade e PEV

No decorrer das entrevistas, à medida que se avançava nas perguntas, percebeu-se que as respostas se ampliavam, trazendo aspectos da comunidade e/ou da relação que a cooperativa mantinha com a mesma. Desse modo, passou-se a incluir ao longo das perguntas estes aspectos, como por exemplo:

> Pesquisadora: Tem locais onde se faz um trabalho de conscientização da comunidade...
>
> Trabalhador: *Agora eles tão fazendo também, tá sabendo né?*
>
> Pesquisadora: Onde, aqui?
>
> Trabalhador: *A G tá esses negócio de pessoal do colégio separá, sabe, com o caminhão, tu viu o caminhãozinho aí?*
>
> Pesquisadora: Sim, eu vi que vocês estão recolhendo em alguns pontos
>
> Trabalhador: *É em colégio, incentivando né, a separá, separá em casa já, daí bã, tá vindo um lixo sequinho, e vem mais material com qualidade né.*
>
> Pesquisadora: É o PEVs?
>
> Trabahador: *É aquele ali...*
>
> Pesquisadora: E vocês estão recolhendo nas escolas?
>
> Trabalhador: *Nas escolas, nos postos de gasolina, farmácia, mercado.*
>
> Pesquisadora: E quem está indo nas escolas, são vocês ou é a prefeitura?
>
> Trabalhador: *É a G, o P, o G, tão tudo envolvido.* (Entrevistado B).

A entrevistada C também valoriza o PEV:

> *Esse projeto PEVs que a gente ganhô foi muito bom, tem muito material bom, porque o material é seco, foi ótimo pra nós.*
>
> Pesquisadora: E ajuda no trabalho de vocês porque já vem separado, né?
>
> Trabalhador: *Ajuda, é só largá na esteira, a gente separa tudo com a mão e já tá pronto.*

Antes da implantação dos Pontos de Entrega Voluntária (PEVs), já havia uma caminhada no município de Campo Bom, o qual tinha iniciado nas escolas, no ano de 2001, um projeto denominado "SE-PA-RAR o lixo é sempre bom", quando foram distribuídos coletores de lixo para melhor acondicionar os resíduos secos que chegariam à cooperativa.

Finalmente, em março de 2009, através de uma parceria da cooperativa COOLABORE com o BNDES e a Prefeitura, através das Secretarias de Meio Ambiente, Saúde, Obras, Educação e Cultura, foi possível a implantação do projeto PEVs. Graças aos recursos financeiros do BNDES, foi viabilizada a aquisição de um caminhão para a cooperativa realizar a coleta de lixo em determinados pontos da cidade.

O projeto prevê o recolhimento de lixo que esteja separado e abrange as escolas e os locais que, de forma voluntária, querem participar. Para organizar a coleta, a cooperativa realizou um mapeamento dos pontos de entrega e dividiu o município por regiões/bairros, definindo os dias da semana que estarão coletando nos pontos.

Analisando os depoimentos dos entrevistados acima, notou-se que estavam bastante satisfeitos com o PEV, pois, além de incentivar a separação do lixo, expandiram seus pontos de coleta e, principalmente, salientam que recebem um lixo "sequinho", um "material bom", de qualidade.

Sem dúvida, esse foi um importante passo que a cooperativa deu, graças às parcerias estabelecidas, organização, dedicação e trabalho de muitos que contribuíram divulgando o projeto (vide panfleto de divulgação – Anexo C). Ainda mais que, segundo relato do entrevistado E, este projeto (PEV) é fruto de um sonho:

> *É, porque a gente tinha um sonho, sempre teve sonho, de um dia chega e tê..., recurso pra chegá num ponto que nem, a gente chegô hoje, de tê..., tê um caminhão fazendo essas coleta, a gente sonhô, mas sempre barrava nos recurso né, porque hoje conseguí comprá um caminhão é difícil, financiá muito mais, porque hoje as cooperativa não tem crédito, porque ela não tem falência, e quando não tem falência não tem como os Banco cobrá depois, então, ah, hoje..., e..., graças ao governo federal até, que bem conseguiu esse recurso através do BNDES, realizô o sonho que a gente tinha disso, né, de se estruturá mais pra frente né, então a gente tá conseguindo dá o passo que a gente sempre sonhô, anos e anos de sonho né, então. Tá na realidade, e acho que tá, tá dando resultado né, assim eu digo pro pessoal, tem ano..., há trinta dias que já tá dando certo, assim, né... .*

Além da satisfação de ter um sonho realizado e da percepção dos resultados citados pelos entrevistados, percebeu-se que a justificativa e o objetivo geral que constam na descrição do projeto foram contemplados, na medida em que houve aceitação e ampliação do mesmo no município. Assim, transcreve-se a justificativa que o embasou:

> *Levando em consideração o trabalho de conscientização sobre a importância da separação do lixo nas instituições de ensino da cidade de Campo Bom, há agora a necessidade de dar um passo adiante, abrangendo não apenas a comunidade escolar, mas também a comunidade na qual está inserida, qualificando e dinamizando o processo da seleção de lixo até sua coleta e envio para a reciclagem.*

Sendo que o objetivo geral do projeto prevê, que: "[...] a população possa fazer o descarte dos materiais recicláveis separados em suas residências e nas escolas. Colocando à disposição da comunidade PEVs em cada Instituição".

É fundamental destacar a participação da comunidade no processo de separação do lixo e entrega voluntária. Sem essa adesão, não seria possível operacionalizar os PEVs e obter estes resultados, conforme relata o entrevistado abaixo:

Pesquisadora: Como vocês trabalham com questões do meio ambiente, é feito algum trabalho com a comunidade através do PEV, ou outro?

Trabalhador: *O trabalho anterior era muito assim..., anteriormente com a comunidade não, mais na área da educação, mas muito restrito, muita..., a gente fazia muito até no..., no gogó né, porque vinha crianças aqui com professores, e visitá, a gente aproveitava pra explorar esse momento aí, e daí a gente conseguia atingi toda a cidade né, porque cada canto tem um colégio né, a gente conseguia professores né, mas era uma coisa assim limitada, o pessoal vinha até aqui. Mas hoje com essa questão do PEV, que tá fazendo trinta dias, assim... mudô bastante já, porque daí os colégio já tão pedindo até a participação da gente, tão pedindo documentário, alguma palestra né, que nem um condomínio, que tem um associado nosso que mora lá, que é o PAR[9] aqui em Campo Bom, a gente começô a fazê um trabalho com eles, eles né, de o condomínio se organizá com materiais reciclados e a gente buscá, então já começô..., uma pequena, um pequeno envolvimento na verdade. E agora a assistente social do condomínio procurô a gente já pra marcá uma reunião com os moradores, e até amanhã no encontro lá que a gente tem no parcão a gente vai conversá, trata..., é qui é essa assistente social é da Caixa Econômica Federal, que ela faz assistência social nos dois condomínios, então a gente tá trabalhando um e daí ela qué ir pro segundo depois né. E ela tá gostando do trabalho, então ela qué conversa e chamá a gente pruma reunião com os moradores do primeiro condomínio, então até que sai... E acho que esse trabalho do PEVs além de tê resultado econômico, ela tá... abrindo um poco, né, espaço, pra cidade toda né, então.* (Entrevistado E).

Consta no projeto o interesse de introduzir os PEVs nos mais diversos segmentos da sociedade (entidades educacionais e religiosas, associações de bairros, unidades de saúde etc.) para ampliar ainda mais o percentual de reciclagem no município. Considerando essa perspectiva, é interessante observar que a avaliação positiva que os entrevistados fazem do projeto não é meramente econômica, mas refere-se aos aspectos ambientais (importância da separação) e conscientização, trazendo a visão de que

---

9 Significa que o condomínio é uma construção do Programa de Arrendamento Residencial (PAR) do Governo Federal (Ministério das Cidades), o qual visa atender a necessidade de moradia da população de baixa renda.

todos ganham: o meio ambiente, a comunidade e eles, que recebem os produtos (lixo) já separados e de melhor qualidade, o que facilita a comercialização e encaminhamento para as indústrias que reciclam.

Para que se consiga ampliar a abrangência deste trabalho, reforça-se o pensamento de Santos (2002), quando diz que é essencial resgatar os valores da comunidade e primar pela participação e solidariedade, pois, dessa forma, poder-se-á construir uma sociedade mais humana. Ainda mais que esse projeto depende da participação voluntária e da solidariedade das pessoas, conforme Eid e Pimentel (2005), para que as potencialidades de uma comunidade possam alavancar o desenvolvimento coletivo, os atores devem estar unidos na ajuda mútua.

> Pesquisadora: Esse trabalho do PEV é semelhante ao trabalho que a cooperativa de D.I. faz com a comunidade, de conscientização, etc.?
>
> Trabalhador: *É, porque a nossa é uma cidade um poco maior, e nós temo um poco mais de dificuldade né, porque até é questão de hábito da população, a questão de mudança de hábito não é fácil, é mais prático fazê isso, tá bom assim pra mim, então mudá fica difícil, mas a gente vai conseguindo fazê alguma coisa que é possível né. Dizê que não dá pra separá é desculpa de quem não qué fazê entendeu, se tu não qué fazê uma coisa, ah não sei, não dá, então dá uma desculpa. Eu sempre digo pro pessoal quando diz que não dá uma coisa, não dá porque alguém qué dá uma desculpa, mais justificá que..., e aí o pessoal fica: "ah não dá pra fazê" Como que não dá? Dá sim, claro que dá né, é possível, é possível fazê, ou pelo menos vai fazê, porque senão vai depois ó, não fiz, tentei não deu, mas ah...* (Entrevistado E).

Para auxiliar nesse processo de mudança de hábitos, Pagotto (2005) propõe o resgate dos valores solidários, cooperativos e humanistas e das práticas locais e comunitárias, por meio de ações educativas que promovam experiências coletivas na comunidade e em seu entorno.

Segundo Andrioli (2002), o processo de educação contribui com a difusão dos valores da solidariedade e da autogestão, mas é na prática cooperativa que se constrói a consciência da cooperação. "O ato de educar passa pela experiência. Neste sentido, entendemos que cooperando, tornamo-nos cooperativos, fazendo experiências de solidariedade, tornamo-nos solidários" (ANDRIOLI, 1997, p. 10). A cooperação e a solidariedade são essenciais para o êxito do projeto PEV, assim como para a construção de iniciativas da economia solidária.

As falas dos entrevistados revelam mudanças no comportamento das comunidades que se envolveram com os PEVs, gerando uma aproximação das pessoas com o trabalho realizado na cooperativa. Em uma assembleia mensal, um cooperado salientou a importância desse trabalho: *tá aparecendo, as pessoas tão ligando. As escolas tão pedindo palestras.* Essa aproximação assume relevância diante da gama de preconceitos que circundam este tipo de trabalho. Segundo Mota (2005), essa é uma atividade econômica que integra aspectos que vão além da geração de renda, pois abarca a proteção aos recursos naturais, a educação ambiental, a inclusão social e a prestação de serviços públicos.

Sendo assim, os relatos abaixo exemplificam a repercussão que o projeto PEV provocou na comunidade:

> *E no geral acho assim que a gente muda também a questão..., uma integração mais... no geral assim na comunidade toda né"* (Entrevistado E).

> *[...] A gente também mudô muita coisa dentro da comunidade com..., é... , e até a comunidade vê a gente com outro..., né..., que... , quando sai uma publicação, às vezes, em algum meio de comunicação, você já sabe quem é né, aparece porque às vezes o município teve... uma entrevista nossa aqui e colocô às vez, em reuniões públicas em festa popular né, mostrava o que tava fazendo e daí o pessoal comentava muito, então em todos canto da cidade,... Então é..., bastante coisa assim que se tornô mais público né* (Entrevistado E).

É imprescindível que um projeto como este ganhe força na comunidade para que tenha continuidade e se multiplique. Conforme Pereira (2008), a comunidade é um espaço social que agrega indivíduos com algum traço comum (objetivos, interesses, crenças, condições etc.) ante os demais, uma identidade que favorece o convívio e possibilita o desenvolvimento de microculturas no interior de uma grande cultura, a proliferação de sociedades no interior de uma sociedade.

Como mencionado, houve uma aproximação da cooperativa com a comunidade. Então, questionou-se se anteriormente tinham um envolvimento comunitário:

> *Pesquisadora:* E onde tu moras, no teu bairro tem alguma associação ou entidade comunitária que tu participas?
>
> *Trabalhador:* Tem, é que assim..., a associação ela..., ela, hoje até a questão do tempo, e ela tá meio assim..., meio com decadência né. Porque a associação de bairro assim, elege uma diretoria e depois ela começa a pará né, ficá na mão da diretoria, daqui a poco até a diretoria desanima, porque começa bem empolgada depois..., né. Começa a fazê uma reivindicação daqui a poco não funciona e começa né,..., mas eu participava mais assim na comunidade da igreja né, tem um centro comunitário que é muito mais assim,..., então a gente participava bastante das promoção, da organização da comunidade né, então sempre tava presente na..., qualquer comemoração da comunidade né, então..., um poco isso. (Entrevistado E).

Esse entrevistado demonstrou ser ativo na comunidade, traz em sua história a participação e contribuição na associação de moradores e nas atividades promovidas pela igreja e pelo centro comunitário, o que pode ter influenciado a se tornar um dos fundadores da cooperativa. Essas vivências estimulam a disseminação de atitudes cooperativas e solidárias que impulsionam transformações, tanto nas formas de trabalho coletivo como nas comunidades.

Ressalta-se que essa subcategoria mostrou de forma evidente as transformações engendradas no âmbito das relações com a cooperativa, com o meio ambiente e nos espaços (pontos) que acolhem o "lixo", estabelecendo novos vínculos nas comunidades que estão envolvidas com o projeto PEVs.

6.3.4 Coopetição

A expressão coopetição se originou da junção das palavras cooperação + competição, partindo do pressuposto de que se pode cooperar e também competir. Desse modo, é possível exemplificar esse fenômeno com as respostas dos entrevistados à seguinte questão: Existe cooperação e/ou competição no EES?

> *Tem as duas coisas, é na realidade eu acho que pra coisa funcioná neste tipo de serviço eu acho que tem que haver as duas coisas né. Tem que haver a competição e a ambição, se não, não... enquanto, se tu mais produzir, tu mais ganha, se tiver um meio escorado: ô fulano como é, vamo se mexer, aí por isso que às vezes dá um atrito, mas nada que..., de momento né, naquele momento, depois o cara percebe que tem que trabalhá mesmo, tem que fazer esforço que nem os outros. Isso eu acho que é normal né, não tem muito como fugir disso né. A cooperação e a competição tem que caminhá junto. O nome já diz cooperativa, e o sistema de cooperação né, por isso que tem que haver sempre cooperação de um pro outro.* (Entrevistado A).

Essa resposta evidencia a existência da coopetição na cooperativa e mostra a percepção de que a cooperação e a competição devem andar juntas. Além disso, o entrevistado faz uma relação da competição com a ambição, raciocínio típico do sistema capitalista, que instiga a competir para obter mais dinheiro, qualidade de vida e bens diversos. Também aparece na fala desse trabalhador a visão do trabalho conjunto, de que todos são responsáveis; portanto devem cooperar.

Segundo Pinho (1966), etimologicamente, cooperar significa operar juntamente com alguém. E cooperação significa a ação de cooperar, prestação de auxílio para um fim comum. Analisando as respostas dos entrevistados, percebeu-se que houve várias interpretações sobre o ato de cooperar, como explicitado abaixo:

> *Não eu acho que... , cooperação tem, tem um bom pouco, não é muito né, mas tem, tem cooperação, com várias pessoa a tu se acerta, não é com todo mundo né.*
>
> Pesquisadora: E em relação a competição como é que tu vês isso?
>
> *Eu acho que..., eu acho que é, o pessoal tem uns que né, se acerta assim bem pra trabalhá e coisa né, e vão indo né, trabalhando, se ajeitando, daqui e dali né.* (Entrevistado B).

Esse entrevistado fez uma analogia da cooperação com o bom relacionamento entre os colegas, como se essa existisse quando os colegas se "acertam" no trabalho. Essa analogia reportou às experiências de trabalho coletivo vivenciado quando da participação da constituição de associações, onde ficava evidente que os grupos progrediam mais quando os colegas tinham sintonia, pois facilitava a busca de objetivos comuns.

"Do ponto de vista sociológico, cooperação é uma forma de interação social e pode ser entendida como ação conjugada de indivíduos que procuram alcançar os mesmos objetivos" (PINHO, 1966, p. 44).

Já a entrevistada C refere-se à existência das relações de coopetição:

> Pesquisadora: Então tu achas que tem essa questão da cooperação, e em termos de competição tu acha que tem também um pouco de competição, ou não?
>
> Trabalhador: *Eu enxergo que tem cooperação, que o grupo... ele tem vontade de trabalhá, e na conversa às vezes o seu G cobra, conversa com eles, o pessoal aceita. Não é um grupo assim... às vezes tem um poco rebelde, isso acontece acho que em tudo que é lugar, mas eles são pessoas boas. Tem um poco das duas coisas.*

Nesse sentido, Nalebuff e Brandenburger (1996) afirmam que há uma dualidade em todo o relacionamento, ou seja, a existência dos elementos simultâneos de cooperação e competição, que resultam em coopetição.

Conforme complementa a entrevistada C:

> Pesquisadora: E cooperam para fazer as atividades?
>
> Trabalhador: *Tem competição, bolinho né deles. Mas... não sabe, dá mais liberdade. Tem respeito, ah é que tem quê respeita senão, vem advertência, ou..., até conforme, até pra rua pode ir, senão respeitá. Daí quem qué trabaiá que se cuide... Sim cooperam, cooperam, se é pra trabaiá, tudo pegam junto.*

Essa entrevistada reforça a importância do respeito e, caso esse não ocorra, deve haver "punição". Percebeu-se que mais entrevistados salientaram dois aspectos desse depoimento: a existência do respeito e da liberdade no âmbito do trabalho, ou seja, há liberdade, mas junto a ela deve haver o respeito nas relações.

Outra analogia que apareceu é a aproximação do conceito de competição com o de ciúmes, conforme abaixo:

> *[...] Mas as vez a gente tem algumas questão de algumas pessoa de ciúme uma das outras, né. Ah porque, ah..., pega um exemplo foi as férias ali que disse que chegô um último que é novato e pegô as férias numa data privilegiada que foi dezembro mas, ela só poderia pegá ali, os outros tavam todas já programadas, então ela não teria como pegá e..., no conteúdo de doze meses mete alguém no meio que daí ia dá..., ah tu chegô na minha frente, então fica por último, porque na verdade o último é o último, que foi o que aconteceu, justo. Daí uns ficaram com ciúme porque pegô numa época boa, dezembro, mas é a data dela, então não tem como a gente, como direção mudá. Mas é isso que eu digo, ciúmes as vezes tem alguém que pegô um lugar privilegiado por ocasião, não que foi privilegiado, entendeu, pela situação do momento, né, foi ela que chegô ali, mas eles não sabe que eles são muito mais privilegiado porque tão muito tempo antes que ela já. Mas é..., é um pouco é essa a questão de ter ciúme um pouco do outro né, ou... ah..., o que ele fez pra mim ou..., né.... (Entrevistado E).*

Em uma ocasião, uma das mulheres comentou que ficou com vergonha da discussão que houve na assembleia do mês anterior, dizendo: *Foi tão feio... Isso é puro ciúmes.*

O entrevistado E conta que buscam esclarecer e dirimir as dúvidas para evitar os ciúmes e picuinhas:

> *[...] mas as picuinha a gente tem sempre que tá cuidando, que as vez nós desconfiamo um poco de alguma coisa..., a gente sempre tá cuidando, tem coisas que você não tem como..., né, a gente diz, tenta esclarece né...*

O referido entrevistado, no depoimento abaixo, utiliza o termo "disputa" para caracterizar a competição existente entre os colegas de trabalho, além de citar de forma intrínseca a existência de relações de coopetição ao se referir às "controvérsias":

> O grupo, ele tem um monte de contravérsia, né... Assim, tem momentos de disputa de qualqué coisa... até de brincadeira às vezes né, também, eles disputam a questão do futebol né, às vez pessoal né, em todos os aspecto. Ah, pega um exemplo assim, e próprio às vez, o próprio local de trabalho mesmo né. E a própria cultura às vezes da gente, o que se passô pra muitas pessoas é que..., questão de levá vantage às vezes, entendeu. Tu percebe às vezes a tentativa de alguns de tirá vantage dos outros, isso não funciona na verdade né mas, é o tipo de cultura daí, daí, se torna assim um poco competitivo entre uns pocos, mas nada que seja..., não é coisa..., geralmente não ao trabalho, é poucos que são às vezes direcionado né, que..., um poco nesse ponto aí né.

Essa resposta indica a influência da cultura capitalista, a qual incentiva a ideia de buscar vantagens em todos os sentidos, estimulando a competição. Como afirma Durand (2000), o trabalho está organizado de tal forma que cada um acaba competindo consigo próprio e com o outro. A competição se torna o estímulo da produção e, com ela, surgem as rivalidades, intrigas, medos, ameaças etc. De acordo com a referida autora, o problema não está nas pessoas, mas no sistema de trabalho, que incentiva a competição, propiciando hostilidade e inimizade onde deveria haver coleguismo.

Mesmo que as iniciativas de economia solidária defendam os princípios da cooperação e da solidariedade, não significa que estes prevaleçam sempre, visto que as heranças do modelo capitalista influenciam as relações humanas constantemente. Na cooperativa pesquisada, foi construído um modo de organizar o trabalho que tende a evitar hierarquias e desestimular a competição, conforme declaração do entrevistado E sobre as equipes de trabalho:

> [...] Não tem muita disputa no serviço, porque a gente pra evitá a disputa o que a gente fez criô equipe de trabalho, tá sabendo né. A gente tem cinco equipe de trabalho que acaba não dando disputa, não fazendo disputa acontecê. Claro, em exceção de alguns casos, mas pequenos né de disputa. Então mas é disputa assim às vezes, saindo fora das equipe quando... Então, às vez a competição como... em todo lugar assim, é pra o melhor lugar, é que nem no ônibus, eu quero o primeiro banco, tu qué o

> segundo..., mas isso é uma questão eu acho normal, eu quero chegá aqui pegá esse lugar, até na mesa é...então eles..., mas eu acho que dentro disso aí, até uma questão saudável né, todo mundo qué pegá o lugar melhor, ou o local melhor, então não é...

Novamente, essa descrição assinala a existência da coopetição e a percepção desse elemento como algo natural nas relações sociais. Essa visão pode ser considerada um avanço, pois as relações não são estanques e nem polarizadas, onde impera somente um dos polos: a competição ou a cooperação.

Para o entrevistado E, um dos desafios que o trabalho coletivo propõe é o exercício da cooperação, conforme resposta abaixo:

> [...] Principalmente cooperam, porque até entendem que tem cooperá, porque o nosso trabalho é cooperá, então tem que cooperá. Não tem..., quando você tem, não tem o que fazê, você tem que cooperá de qualquer jeito, porque o desafio é cooperá, tem que cooperá, e no momento que tu não cooperá daí, você tem outro resultado né, ruim né, e no momento que tu não cooperô alguém vai sabe que tu não tá cooperando, então o desafio do grupo total é, cooperá porque no momento que tu sabe que tem que fazê isso, tem que fazê isso. E no momento que a gente não fizé, a gente tá o que, andando pra trás. Tá, né, não fazendo o que a gente qué fazê, e o que nós queremô fazê o que que é, né, é se mantê bem né.

Segundo Andrioli (2002), cooperar é um aprendizado e é na prática cooperativa que se constrói a consciência da cooperação. Doz e Hamel (2000, p. 184), complementam com a seguinte metáfora:

> O processo de desenvolvimento da cooperação pode ser assemelhado a uma equipe de alpinismo, em que cada alpinista aprende a confiar em seu equipamento e em seus companheiros de equipe enquanto atravessam e desfrutam de sucesso na travessia de terrenos em níveis cada vez maiores de dificuldade. À medida que progridem juntos, os parceiros ficam atentos à eqüidade da parceria: cada parceiro está realmente carregando sua parte da carga? O equilíbrio entre compromissos e benefícios, atuais e esperados, é adequado a cada um?

Com efeito, o desafio vai além de desenvolver a cooperação, requer admitir a coexistência de relações cooperativas e competitivas. Como salienta Lisboa (2003, p. 249), não se está propondo "um modo de produção puramente cooperativo, pois é saudável social e economicamente a coexistência dos princípios da competição e da cooperação".

Por fim, conviver com a coopetição demanda romper com alguns paradigmas, pois a cooperação é desconhecida para muitos trabalhadores, os quais carregam em seu histórico profissional a rivalidade instigada pelo processo fabril. Ainda mais que a competição está atrelada à concorrência, disputa e "destruição" dos outros e não à possibilidade de estabelecer relações de parceria, onde ambos tenham benefícios.

CONSIDERAÇÕES FINAIS

Tendo analisado as facetas do emprego na sociedade capitalista e resgatado as origens, os conceitos e os princípios da economia solidária, percebe-se que é possível estabelecer outras relações de trabalho, onde a ação humana tem primazia sobre o processo de trabalho, considerando a subjetividade e o desenvolvimento da coletividade.

Há possibilidades de se propor alternativas ao modelo massificado e hegemônico do trabalho capitalista assalariado. Para tanto, é preciso provocar brechas e reconhecer as contradições da lógica capitalista para construir outras formas de organização do trabalho, baseadas nos princípios da cooperação e do trabalho coletivo, reforçando-se relações solidárias e éticas.

Todavia, constituir uma organização coletiva, independentemente de sua natureza jurídica, é uma experiência desafiadora para os trabalhadores envolvidos, pois requer a percepção da importância da coletividade e a assimilação de "novos" valores. Visto que a economia solidária propõe a indissociabilidade entre o econômico e o social e a emergência de princípios cooperativos, solidários, autogestionários e éticos, visando ao desenvolvimento sustentável e resultando em melhorias na qualidade de vida das pessoas, comunidades e espécies.

É importante considerar a complexidade da construção de um processo autogestionário, pois exige mudanças de paradigmas e disposição para aprender a produzir, intercambiar e desenvolver-se de um outro jeito, convivendo com os vieses, concepções e tensões que o aprendizado inclui. Conforme exposto, os trabalhadores da cooperativa COOLABORE percorreram uma longa caminhada para construir um trabalho baseado nos princípios da economia solidária, de modo a integrar as dimensões subjetivas em seus fazeres diários.

Observou-se que esses trabalhadores praticam de fato os princípios da economia solidária, mesmo que muitas vezes não estejam cientes da importância desta experiência laboral e dos conceitos que englobam a mesma. Contudo, esses trabalhadores construíram, efetivamente, pilares para uma outra economia, para um outro mundo possível, onde outro trabalho acontece, tangenciado por vínculos mais solidários.

A partir dos desdobramentos das categorias vínculos familiares, sociais e de trabalho coletivo em treze subcategorias, construídas no decorrer da pesquisa junto aos trabalhadores, ao escutar suas falas, sentir seus jeitos, dissabores, conquistas e movimentos, pôde-se perceber as transformações vinculares ocasionadas através e a partir do trabalho, as quais contribuíram para o alcance dos objetivos deste estudo.

Os trabalhadores do EES pesquisado apontaram as transformações vinculares vivenciadas no âmbito familiar, social e do trabalho coletivo. Além disso, a presença de relações de coopetição entre eles indica um avanço em relação ao individualismo que aprisiona e impõe a polarização das relações entre duas possibilidades: "competir e ganhar, ou cooperar e correr o risco de perder". A transposição dessa lógica demonstra a coexistência da competição e da cooperação, que se traduz na coopetição, a qual permite aos trabalhadores desenvolverem o trabalho na dimensão coletiva e solidária.

Acredita-se que a calorosa recepção e o vínculo estabelecido com esses trabalhadores facilitaram a realização da pesquisa, resultando em uma gama de elementos expostos durante as entrevistas, os quais introduziram novas inferências e acepções sobre o tema, principalmente o surgimento de uma terceira categoria de análise: trabalho coletivo que se localiza "entre" os vínculos familiares e sociais, conforme o diagrama ilustrativo apresentado.

Isso mostra que o campo empírico instiga a pensar nas instâncias (mercado, planejamento, transparência, autogestão, aprendizado e transição) que abrangem o trabalho coletivo, explicitadas pelos trabalhadores ao revelarem como constituíram sua forma de trabalhar na cooperativa.

Considerando o ponto de vista da teoria social moderna e das teorias pós-modernas, as relações de trabalho constituem mais um dos diversos tipos de vínculos sociais que os seres humanos estabelecem. Seguindo nessa direção teórica, restaria afirmar que as relações de trabalho que se estabelecem no âmbito da economia solidária seriam resultantes dos vínculos sociais. Ou seja, os comportamentos cooperativos e solidários seriam desenvolvidos pelos trabalhadores a partir de uma base vincular familiar e social preexistente, a qual embasaria sua disposição para práticas de trabalho solidário. Desse modo, as práticas de trabalho coletivo propostas e defendidas pela economia solidária apenas participariam como coadjuvantes desse processo.

No entanto, esta pesquisa demonstrou que as transformações vinculares ocorridas nos trabalhadores investigados não resultam unicamente das dimensões familiares, sociais e não racionais da subjetividade, mas se apresentam como uma outra configuração vincular (atravessada pelo viés coletivo), que ultrapassa a perspectiva de trabalho proposta pelas teorias sociais e psicológicas.

Essas constatações remetem ao momento inicial da pesquisa, quando se pretendia analisar os processos vinculares sob o prisma da psicologia social e grupal. Contudo, ao deparar com a intensidade e densidade de conteúdos expostos pelos cooperados, compreendeu-se tamanha complexidade das configurações vinculares no contexto familiar, social e do trabalho coletivo. Diante disso, percebeu-se que as teorias psicológicas e sociológicas não conseguem abranger tal complexidade, representada pelas configurações produzidas através do/no trabalho coletivo.

Sendo assim, as experiências coletivas podem trazer, além do trabalho e da renda, novas referências de valores, habilidades e atitudes, envolvendo o respeito e cuidado com o meio ambiente e com a diversidade presente na vida. Entretanto, é necessário ressaltar que a economia solidária não pretende ser a solução mágica para a saída da crise do emprego e para a modificação da sociedade, mas possibilita a inclusão social e a criação de outras formas de trabalho baseadas na autogestão, na solidariedade e na valorização dos saberes empíricos.

Desse modo, destaca-se a importância da continuidade de estudos que investiguem as configurações vinculares no âmbito da economia solidária, revelando os movimentos, pulsares e sentidos que emergem das experiências de trabalho coletivo, autogestionário e solidário.

REFERÊNCIAS

ALBUQUERQUE, Paulo Peixoto de. Autogestão. In: CATTANI, Antonio David (Org.). *A outra economia*. Porto Alegre: Veraz Editores, 2003, p. 306.

ANDRIOLI, Antonio Inácio; Giehl, Pedro Roque. *Programa de cooperativismo nas escolas*. Santa Rosa, RS: Cooperluz, 1997, p. 10.

_____. *Revista espaço acadêmico*, v. 19, Ano dez. 2002. Disponível em: <www.espacoacademico.com.br>. Acesso em: 18 set. 2005.

ANTUNES, Ricardo. *Adeus ao trabalho? Ensaio sobre as metamorfoses e a centralidade do mundo do trabalho*. 12ª Edição, São Paulo: Cortez, 2007, p. 200.

ARNSPERGER, Christian; PARIJS, Philipe Van. *Ética econômica e social*. São Paulo: Edições Loyola, 2003, p. 142.

ARROYO, João Cláudio Tupinambá; SCHUCH, Flávio Camargo. *Economia popular e solidária - A alavanca para um desenvolvimento sustentável e solidário*. São Paulo: P. Abramo, 2006, p. 112.

ARROYO, Miguel G. Pedagogia das relações de trabalho. *Trabalho & Educação*. Belo Horizonte, n. 2, p. 61, ago./dez. 1997.

ARRUDA, Marcos. *Economia solidária e o renascimento de uma sociedade humana matrística*. In: IV Fórum social mundial, 2004, Índia. Disponível em: <www.pacs.org.br/artigospublicacao>. Acesso em: 24 mar. 2009.

_____. Socioeconomia solidária. In: CATTANI, Antonio David (Org.). *A outra economia*. Porto Alegre: Veraz Editores, 2003, p. 306.

_____. BOFF, Leonardo. **Globalização: desafios socioeconômicos, éticos e educativos - uma visão a partir do Sul**. Petrópolis, RJ: Vozes, 2000, p. 207.

ASSMANN, Hugo; SUNG, Jung Mo. **Competência e sensibilidade solidária: educar para a esperança**. Petrópolis, RJ: Vozes, 2000, p. 331.

ASSOCIAÇÃO NACIONAL DOS TRABALHADORES E EMPRESAS DE AUTOGESTÃO E PARTICIPAÇÃO ACIONÁRIA. **Autogestão e economia solidária - uma nova metodologia**. São Paulo, 2005, p. 192.

ATITUDE. In: **Dicionário de Psicologia**. São Paulo: Loyola, 1982, v. 1, pp. 135-139.

BARDIN, Laurence. **Análise de conteúdo**. 3ª Edição, Lisboa, Portugal: Edições 70, 2004, p. 223.

BERTHOUD, Cristiana Mercadante Esper. **Formando e rompendo vínculos - a grande aventura da vida**. In: _____. Bromberg, Maria Helena P. F.; COELHO, Maria Renata M. **Ensaios sobre formação e rompimento de vínculos afetivos**. Taubaté: Cabral, 1998, p. 147.

BION, Wilfred R. **Experiências com grupos - os fundamentos da psicoterapia de grupo**. Rio de Janeiro: Imago, 1970, p. 185.

BIRK, Márcia. **Do princípio da pesquisa qualitativa à coleta de dados: uma trajetória percorrida por todos os pesquisadores**. In: CAUDURO, Maria Teresa (Org.). **Investigação em educação física e esportes - um novo olhar pela pesquisa qualitativa**. Novo Hamburgo, RS: Feevale, 2004, p. 112.

BOWLBY, John. **Apego**. São Paulo: Martins Fontes, 1984. v. 1, p. 423.

CADERNO DE APROFUNDAMENTO AOS DEBATES. **Rumo à IV plenária nacional de economia solidária**. [S.L.]: FBES, nov. 2007, p. 86.

CADERNO DE FORMAÇÃO. *10ª Feira estadual de economia popular solidária*. [S.L.]: [s.n.], dez. 2008, p. 26.

CALDERONI, Sabetai. *Os bilhões perdidos no lixo*. São Paulo: Humanitas, 1997, p. 343.

CAMPOS, Claudinei José Gomes. **Método de análise de conteúdo: ferramenta para a análise de dados qualitativos no campo da saúde**. Revista Brasileira - Enfermagem, Ribeirão Preto, v. 57, n. 5, out. 2004. Disponível em: <www.scielo.br/scielo.php?script=sci_arttext&pid=S0104-11692006000500025&lng=en&nrm=iso&tlng=pt>. Acesso em 15 dez. 2008.

_____. TURATO, Egberto Ribeiro. **Análise de conteúdo em pesquisas que utilizam metodologia clinico-qualitativa - aplicações e perspectivas**. Revista Latino-Am. Enfermagem, Ribeirão Preto, v. 17, n. 2, mar./abr. 2009. Disponível em: <www.scielo.br/scielo.php?script=sci_arttext&pid=S0104--11692009000200019&lng=en&nrm=iso&tlng=pt>. Acesso em 12 dez. 2008.

CASTEL, Robert. **As metamorfoses da questão social - uma crônica do salário**. Petrópolis, RJ: Vozes, 1998, p. 611.

CATTANI, Antonio David (Org.). **A outra economia**. Porto Alegre: Veraz Editores, 2003, p. 306.

CAUDURO, Maria Teresa. **O mosaico - a arte da análise dos dados através da triangulação**. In: _____. (Org.). **Investigação em educação física e esportes - um novo olhar pela pesquisa qualitativa**. Novo Hamburgo, RS: Feevale, 2004, p. 112.

CEDEÑO, Alejandra León. **Reflexões sobre autogestão e psicologia social comunitária na América Latina**. PSI- Revista de Psicologia Social e Instucional. V. 1, n° 2, Nov./1999. 19 p. Disponível em: <www2.uel.br/ccb/psicologia/revista/index.htm>. Acesso em: 07 out. 2009

CENTRO DE ASSESSORIA MULTIPROFISSIONAL - CAMP. *Economia popular solidária pesquisa/ação - regiões altos da Serra, grande Porto Alegre, Sul/ RS*. Porto Alegre: CAMP, 2002, p. 159.

CONCEIÇÃO, Márcio Magera. *Os empresários do lixo - um paradoxo da modernidade - análise interdisciplinar das Cooperativas de reciclagem de lixo*. Campinas, SP: Átomo, 2005. 2ª Edição, p. 193.

CORAGGIO, José Luis. *Economia del trabajo - una alternativa racional a la incertidumbre*. Trabajo presentado en el panel Fronteras de la Teoría Urbana: CGE, Incertidumbre y Economía Popular, Seminario Internacional sobre Economía y Espacio, organizado por el Centro de Desarrollo y Planificación Regional (Cedeplar), 6-7 Diciembre 2001, en Belo Horizonte, Brasil, p. 36.

DEJOURS, Christophe. *A loucura do trabalho - estudo da psicopatologia do trabalho*. 5ª Edição, São Paulo: Cortez-Oboré, 1992, p. 168.

_____. *Entre o desespero e a esperança: como reencantar o trabalho? CULT*. Paraíso, SP: Gregantini, n. 139, pp. 49-53, ano 12, set. 2009, p. 66.

_____. ABDOUCHELI, Elisabeth: JAYET, Christian. *Psicodinâmica do Trabalho - contribuições da escola dejouriana à análise da relação prazer, sofrimento e trabalho*. São Paulo: Atlas, 1994, p. 145.

DOZ, Yves L; HAMEL, Gary. *A vantagem das alianças - a arte de criar valor através de parcerias*. Rio de Janeiro: Qualitymark, 2000, p. 301.

DURAND, Marina. **Doença Ocupacional**: psicanálise e relações de trabalho. São Paulo: Escuta, 2000, p. 120.

EID, Farid; PIMENTEL, Andréa Eloísa Bueno. *Planejamento do desenvolvimento local e economia solidária*. In: LIANZA, Sidney; ADDOR, Felipe (Orgs.). *Tecnologia e desenvolvimento social e solidário*. Porto Alegre: UFRGS, 2005, p. 270.

FARIA, Maurício Sardá de; DAGNINO, Renato. Apresentação. In: NOVAES, Henrique Tahan. *O fetiche da tecnologia - a experiência das fábricas recuperadas*. São Paulo: Expressão popular, 2007, p. 352.

FERNANDES, Waldemar José (Org.). *O processo comunicativo vincular e a psicanálise dos vínculos.* In: FERNANDES, Waldemar José; SVARTMAN, Betty; FERNANDES, Beatriz Silvério (Orgs). *Grupos e configurações vinculares*. Porto Alegre: Artmed, 2003, p. 303.

FRANÇA FILHO, Genauto Carvalho; LAVILLE, Jean-Louis. *A economia solidária uma abordagem internacional*. Porto Alegre: UFRGS, 2004, p. 199.

FRANCO, Maria Laura Publisi Barbosa. *Análise de conteúdo*. Brasília: Liber livro, 2008, p. 80.

GAIGER, Luiz Inácio. *Empreendimentos econômicos solidários*. In: CATTANI, Antonio David (Org.). *A outra economia*. Porto Alegre: Veraz Editores, 2003, p. 306.

GERVAIS, Ana Maria Dubeux. *O processo de incubação de empreendimentos econômicos solidários - a importância do foco nas dimensões coletiva e individual*. Anais ANPROTEC. [S.l.]: [s.n.], 2006, p. 18.

GODBOUT, Jacques; CAILLÉ, Alain. *O espírito da dádiva*. Rio de Janeiro: Fundação Getúlio Vargas, 1999, p. 272.

GOMEZ, Carlos Minayo et al. *Trabalho e conhecimento - dilemas na educação do trabalhador*. São Paulo: Cortez: Autores Associados, 1989, p. 94.

KLEIN, Melanie. *Psicanálise da criança*. São Paulo, SP: Mestre Jou, 1969, p. 394.

KUENZER, Acácia. *Pedagogia da Fábrica - as relações de produção e a educação do trabalhador*. São Paulo: Cortez, 2002, p. 212.

LAKATOS, Eva Maria; MARCONI, Marina de Andrade. **Fundamentos de metodologia científica**. 3ª Edição, São Paulo: Atlas, 1991, p. 238.

LEBOUTTE, Paulo. **Economia popular solidária: um processo em pleno desenvolvimento**. In: LIANZA, Sidney; ADDOR, Felipe (Orgs.). *Tecnologia e desenvolvimento social e solidário*. Porto Alegre: UFRGS, 2005, p. 270.

LEVISKY, Ruth Blay. **Família - uma psicoterapia de grupo?** In: FERNANDES, Waldemar José; SVARTMAN, Betty; FERNANDES, Beatriz Silvério (Orgs). Grupos e configurações vinculares. Porto Alegre: Artmed, 2003, p. 303.

LIMA, Maria Isabel Rodrigues. **Coopetição em uma rede de cooperação**. 2006, p. 99. Monografia (Pós-Graduação em Pedagogia Empresarial), Centro Universitário Feevale, Novo Hamburgo, RS, 2006.

LIPNACK, Jéssica. **Rede de informações**. São Paulo: Makron Books, 1994, p. 422.

LISBOA, Armando de Melo. **Solidariedade**. In: CATTANI, Antonio David (Org.). *A outra economia*. Porto Alegre: Veraz Editores, 2003, p. 306.

LOPES, Jefferson Campos. Educação para a convivência e a cooperação. **Conexões**, v. 3, n.1, 2005 Campinas, SP. 10 p. Disponível em: <www.fef.unicamp.br/publicacoes/conexoes/v3n1/Educa%E7%E3o%20para%20convivencia.pdf >. Acesso em 08 out. 2009.

LUIZ, José de Oliveira. **Cuca fresca & memória de gari**. Caxias do Sul, RS: Paulus, 2003, p. 128.

MARCONDES, Danilo. **Textos Básicos de Ética.** 2. ed. Rio de Janeiro: J. Zahar, 2007. 157 p.

MARTINS, Elei Chavier; SGUAREZI, Sandro Benedito; LUCONI JUNIOR, Wilson. Processos grupais e autogestão: uma análise acerca dos empreendimentos associativistas na Gleba Triângulo em Tangará da Serra-MT.

In: ZART, Luiz Laudemir et al. (Orgs.). **Educação e socioeconomia solidária - processos organizacionais socioeconômicos na economia solidária.** Cáceres, MT: Unemat, 2009, p. 228. (Série sociedade solidária, v. 3).

MINAYO, Maria Cecília de Souza. **O desafio do conhecimento - pesquisa qualitativa em saúde.** São Paulo: Hucitec, 2004, p. 269.

MINAYO, Maria Cecília de Souza; ASSIS, Simone Gonçalves de; SOUZA, Edinilsa Ramos de (Orgs.). **Avaliação por triangulação de métodos - abordagem de programas sociais.** Rio de Janeiro: Fiocruz, 2005, p. 244.

MOLINA NETO, Vicente. Etnografia: uma opção metodológica para alguns problemas de investigação no âmbito da educação física. In: _____. TRIVIÑOS, A. N. S. **A pesquisa qualitativa na educação física - alternativas metodológicas.** Porto Alegre: UFRGS/Sulina, 2004, p. 142.

MOTA, Adriana. **Do lixo à cidadania.** Democracia Viva, Rio de Janeiro, n. 27, pp. 3-8, jun./jul. 2005.

MÜLLER, Jackson. **Por um Brasil ecologicamente sustentável.** In: NEUTZLING, Inácio (Org.). **Bem comum e solidariedade**: por uma ética na economia e na política do Brasil. São Leopoldo: Unisinos, 2003, p. 221.

NALDINHO, Thiago Canonenco; CARDOSO JUNIOR, Hélio Rebelo. **A amizade para Foucault - Resistências criativas face ao biopoder.** Revista de Psicologia. Niterói, RJ: UFF, v. 21, n. 1, pp. 43-53, jan./abr. 2009.

NALEBUFF, Barry J. ; BRANDENBURGER, Adam M. **Coopetição.** Rio de Janeiro: Rocco, 1996, p. 312.

NARDI, Henrique Caetano; RAMMINGER, Tatiana. **Subjetividade e trabalho - algumas contribuições conceituais de Michel Foucault.** Interface Comunicação, Saúde e Educação, v. 12, n. 25, pp. 339-346, abr./jun. 2008.

NOVAES, Henrique Tahan. *O fetiche da tecnologia - a experiência das fábricas recuperadas*. São Paulo: Expressão popular, 2007, p. 352.

PAGOTTO, Claudete. *Cooperação: natureza social do homem realizada às margens do sistema capitalista*. Revista Espaço Acadêmico, v. 45, fev. 2005. Disponível em: <www.espacoacademico.com.br>. Acesso em: 8 ago. 2009.

PEREIRA, Marcos Villela. *Diferença, identidade e diversidade - os limites da convivência humana*. In: Anais do XIV ENDIPE. Porto Alegre: EDIPUCRS, 2008, pp. 320-333.

PICANÇO, Iracy; TIRIBA, Lia. *Trabalho e educação - arquitetos, abelhas e outros tecelões da economia popular solidária*. Aparecida, SP: Ideias & Letras, 2004, p. 296.

PICHON-RIVIÉRE, Enrique. *O processo grupal*. 6ª Edição. São Paulo: Martins Fontes, 1998, p. 239.

_____. *Teoria do vínculo.* 6ª Edição. São Paulo, SP: Martins Fontes, 1998, p. 129.

PINHO, Diva Benevides. *Que é cooperativismo*. 6ª Edição. São Paulo, SP: São Paulo, 1966, p. 239.

PINTO, Geraldo Augusto. *A organização do trabalho no século 20 - taylotismo, fordismo e toyotismo*. São Paulo: Expressão popular, 2007, p. 104.

PINTO, João Roberto Lopes. *Economia Solidária - de volta à arte da associação*. Porto Alegre: UFRGS, 2006, p. 196.

QUIJANO, Aníbal. *Sistemas alternativos de produção?* In: SANTOS, Boaventura de Sousa (Org.). Produzir para viver: Os caminhos da produção não capitalista. 2ª Edição. Rio de Janeiro: Civilização Brasileira, 2005, p. 515.

QUINTELA, Sandra; ARRUDA, Marcos. *Economia a partir do coração*. In: SINGER, Paul; SOUZA, A. R. (Orgs.). A economia solidária no Brasil: a autogestão como resposta ao desemprego. São Paulo: Contexto, 2003, p. 360.

RAZETO, Luis. Solidaridad. In: ASTRAIN, Ricardo Salas (Org.). *Pensamiento Critico Latinoamericano - Conceptos Fundamentale*s. Chile: Ediciones Universidad Catolica Silva Henriquez, 2005, p. 303.

SANTOS, Boaventura de Souza. *Para um novo senso comum - a ciência, o direito e a política na transição paradigmática*. São Paulo: Cortez, 2002, p. 576.

SCHWARTZ, Yves; DURRIVE, Louis (Orgs.). *Trabalho e ergologia - conversas sobre a atividade humana*. Tradução Jussara Brito e Milton Athayde [et al]. Niterói: Universidade Federal Fluminense, 2007, p. 300.

SECRETARIA NACIONAL DE ECONOMIA SOLIDÁRIA – SENAES. Disponível em:<www.mte.gov.br/ecosolidaria/ecosolidaria_oque.asp>. Acesso em 10 mai. 2009.

SEQUEIROS, Leandro. *Educar para a solidariedade - projeto didático para uma nova cultura de relações entre os povos*. Porto Alegre: Artmed, 2000, p. 168.

SIMÕES, Regina. *(Qual)idade de vida na (Qual)idade de vida*. In: MOREIRA,Wagner Wey. *Qualidade de vida - complexidade e Educação*. 3ª Edição. Campinas,SP: Papirus, 2007, p. 190.

Singer, Paul. Economia solidária: um modo de produção e distribuição. In: _____. SOUZA, A. R. (Orgs.). *A economia solidária no Brasil - a autogestão como resposta ao desemprego*. São Paulo: Contexto, 2003, p. 360.

_____. *Introdução à economia solidária*. São Paulo: P. Abramo, 2002, p. 127.

_____. Palestra sobre cooperativa de catadores de lixo. In: **Encontro Nacional de Catadores de materiais recicláveis**, 1., 2001. Brasília: Universidade de Brasília – Unb, 2001.

_____. Economia solidária: um modo de produção e distribuição. In: _____. SOUZA, André Ricardo de (Orgs.). *A economia solidária no Brasil - a autogestão como resposta ao desemprego*. São Paulo: Contexto, 2003, p. 360.

_____.Políticas públicas para a economia solidária no Brasil. In: LIANZA, Sidney; ADDOR, Felipe (Orgs.). **Tecnologia e desenvolvimento social e solidário**. Porto Alegre: UFRGS, 2005. 270 p.

SOUZA, André Ricardo de. Um instantâneo de economia solidária no Brasil. In: SINGER, Paul; _____. (Orgs.). *A economia solidária no Brasil - a autogestão como resposta ao desemprego*. São Paulo: Contexto, 2003, p. 360.

SPITZ, René A. *O primeiro ano de vida*. 2ª Edição. São Paulo, SP: Martins Fontes, 2000, p. 279.

STRIEDER, Roque. *Educar para a iniciativa e a solidariedade.* 2ª Edição. Ijuí: Unijuí, 2004, p. 368.

SVARTMAN, Betty; FERNANDES, Waldemar José. Contribuição de autores argentinos à psicanálise vincular. In: FERNANDES, Waldemar José; SVARTMAN, Betty; FERNANDES, Beatriz Silvério (Orgs). **Grupos e configurações vinculares**. Porto Alegre: Artmed, 2003, p. 303.

TEDESCO, João Carlos. *Economia solidária - novos processos e novas racionalidades no campo socioeconômico*. In: _____. CAMPOS, Ginez Leopoldo Rodrigues de (Orgs.). *Economia solidária e reestruturação produtiva - (sobre)vivências no mundo o trabalho*. Passo Fundo: UPF, 2001, p. 196.

THUMS, Jorge. *Educação dos Sentimentos*. Porto Alegre: Sulina/Ulbra, 1999, p. 158.

TRAJANO, Ana Rita Castro; CARVALHO, Ricardo Augusto Alves de. *Identidade e trabalho autogestionário*. In: CATTANI, Antonio David (Org.). *A outra economia*. Porto Alegre: Veraz Editores, 2003, p. 306.

ULLMANN, Reinholdo Aloysio. *O solidarismo*. São Leopoldo: Unisinos, 1993, p. 159.

VALENTIM, M. L. P (Org.). *Métodos qualitativos de pesquisa em ciência da informação*. São Paulo: Polis, 2005, p. 176. (Coleção Palavra-Chave, 16).

VECHIA, R. S. D. et al. *Coleta Seletiva - Uma Análise doTrabalho Realizado com Catadores de Resíduos Sólidos a partir do Acompanhamento da INTECOOP/UCPel em Pelotas, RS*. (Apresentação de trabalho), 2007. 9 p.

WEBER, Max. *A ética protestante e o espírito do capitalismo*. 2ª Edição. São Paulo: Pioneira Thomson Learning, 2003, p. 233.

WINNICOTT, D. W. *A criança e o seu mundo.* 6a Edição. Rio de Janeiro, RJ: LTC, 1982, p. 270.

YIN, Robert K. *Estudo de caso - planejamento e métodos*. Tradução: Daniel Grassi. Porto Alegre: Bookman, 2001, p. 205.

ZIMERMAN, D. E. *Vínculos e fantasias inconscientes*. **ABPAG**, São Paulo, n. 4, 1995, pp. 126-141.

_____. *Fundamentos psicanalíticos - teoria, técnica e clínica - uma abordagem didática*. Porto Alegre: Artmed, 1999, p. 478.

_____. *Repensando a prática da grupoterapia a partir da minha experiência de 40 anos.* In: FERNANDES, Waldemar José; SVARTMAN, Betty; FERNANDES, Beatriz Silvério (Orgs). Grupos e configurações vinculares. Porto Alegre: Artmed, 2003, p. 303.

APÊNDICE A

<u>Aspectos observados</u>:

- O discurso dos participantes do empreendimento econômico solidário;

- A forma ou modo como os participantes do empreendimento econômico solidário trabalham;

- As soluções advindas do trabalho associado;

- As relações e vínculos entre os participantes do empreendimento econômico solidário;

- As relações e vínculos dos participantes do empreendimento econômico solidário;

- As atitudes dos participantes do empreendimento econômico solidário.

APÊNDICE B

Questões norteadoras para entrevista:

1. Qual era o seu trabalho antes da cooperativa?

2. Como vê o seu trabalho atual?

3. Como percebe sua relação com os colegas de trabalho?

4. Como você percebe as relações entre os colegas de trabalho?

5. Existe cooperação e/ou competição no Empreendimento Econômico Solidário?

6. Em sua percepção, como eram suas relações/vínculos com os seus colegas em seu trabalho anterior?

7. Atualmente, como percebe seu relacionamento com os amigos?

8. Antes de estar no Empreendimento Econômico Solidário como era seu relacionamento com os amigos?

9. Como são seus vínculos com a família hoje? Percebe que houve alguma mudança em seus vínculos com a família após sua adesão ao Empreendimento Econômico Solidário?

10. Como percebe sua relação/vínculo com a família antes de estar trabalhando no Empreendimento Econômico Solidário?

11. Fale-me sobre seu relacionamento com os vizinhos e com o bairro após a participação no Empreendimento Econômico Solidário.

12. Como percebe seus vínculos com os vizinhos e com o bairro antes de estar trabalhando no Empreendimento Econômico Solidário?

13. Outras considerações que você acha importante registrar.

Questão adicional: Vocês tiveram algum tipo de formação, algum estudo, sobre economia solidária, e/ou buscaram através de fóruns etc?

APÊNDICE C

1º Diagrama Ilustrativo das Categorias e Subcategorias

- VÍNCULOS SOCIAIS
  - Amigos e colegas de trabalho
  - Comunidade e PEV
  - Trabalho
  - Coopetição
  - Bairro/vizinhos
- VÍNCULOS FAMILIARES
  - Atitude
  - "Levar problema para casa"
  - Financeiro/Renda

Fonte: Elaborado pela autora

APÊNDICE D

2º Diagrama Ilustrativo das Categorias e Subcategorias

VÍNCULOS SOCIAIS
- Amigos e colegas de trabalho
- Comunidade e PEV
- Coopetição
- Bairro/vizinhos

TRABALHO COLETIVO
- Planejamento
- Mercado
- Transição
- Aprendizagem
- Autogestão
- Transparência

VÍNCULOS FAMILIARES
- Atitude
- "Levar problema para casa"
- Financeiro/Renda

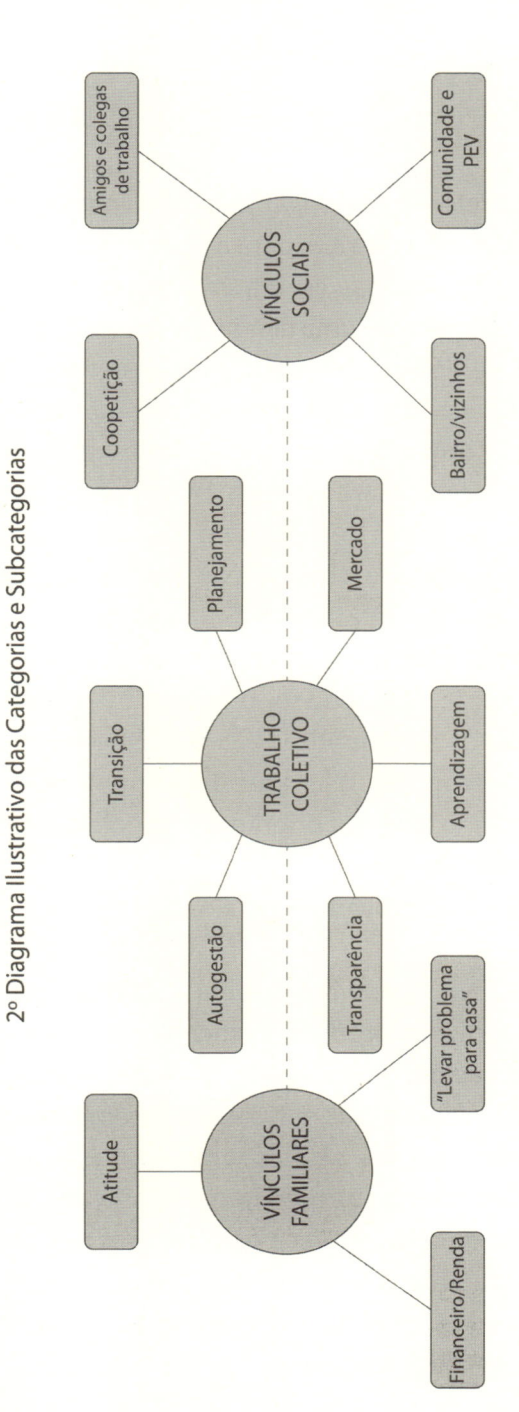

Fonte: Elaborado pela autora

ANEXO A

Termo de Consentimento Livre e Esclarecido – TCLE

A pesquisa pretende investigar se a participação em um empreendimento econômico solidário contribui para a transformação dos vínculos familiares e sociais dos participantes de um empreendimento econômico solidário do setor de reciclagem, de uma cidade selecionada do *Vale do Sinos*, RS.

Para tanto, serão realizadas entrevistas semiestruturadas e observações, utilizando-se um diário de campo. Durante as entrevistas serão feitas perguntas ao informante para se alcançar os objetivos da pesquisa.

A pesquisadora compromete-se em manter sigilo sobre o nome das pessoas que irão participar deste estudo. Os dados coletados serão utilizados no decorrer da pesquisa podendo ocorrer sua publicação em forma de artigos científicos e/ou relatórios, assim como poderão ser disponibilizados direta e individualmente aos participantes, a qualquer momento, conforme sua solicitação. Além disso, o relatório final da pesquisa estará disponível para todos os participantes quando estiver concluído o estudo.

A pesquisa proposta não apresenta nenhum risco aos participantes pesquisados, sendo que poderão, em qualquer tempo, desistir de sua participação nesta pesquisa.

Este projeto foi aprovado pelo Comitê de Ética em Pesquisa, da FEEVALE.

Este termo, em duas vias, é para certificar que eu, _____ (nome do entrevistado) concordo em participar na qualidade de voluntário do projeto científico acima mencionado. Por meio deste, dou permissão para ser entrevistado e para essas entrevistas serem gravadas. Estou ciente de que, ao término da pesquisa, as fitas serão apagadas e que os resultados serão divulgados, porém sem que meu nome apareça associado à pesquisa.

Estou ciente de que sou livre para recusar a dar resposta a determinadas questões durante as entrevistas, bem como para retirar meu consentimento e terminar minha participação a qualquer tempo sem penalidades e sem prejuízo a minha pessoa.

Por fim, em respeito às pessoas envolvidas a pesquisadora coloca-se à disposição para eventuais dúvidas através do telefone (Celular:....................).

                    NOME   **ASSINATURA**

Pesquisador:...   ....

Entrevistado:..   ....

Entrevista Nº:................................... Local:..

Data: .... / .... / ....

ANEXO B

PLANILHA REPRESENTATIVA DO FATURAMENTO MENSAL

Material/Produtos	Mês/Quantidade de toneladas		Diferença	A maior	A menor
	Jul	Ago			
Papelão	-	-	-	-	-
Filme PVC	-	-	-	-	-

Fonte: **Cooperativa COOLABORE**

ANEXO C

Panfleto de divulgação do projeto PEV (frente)

Panfleto de divulgação do projeto PEV (verso)

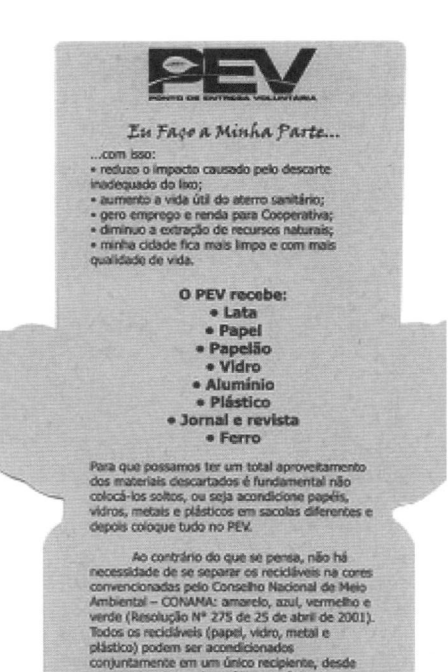

PEV

Eu Faço a Minha Parte...

...com isso:
- reduzo o impacto causado pelo descarte inadequado do lixo;
- aumento a vida útil do aterro sanitário;
- gero emprego e renda para a Cooperativa;
- diminuo a extração de recursos naturais;
- minha cidade fica mais linda e com mais qualidade de vida.

A PEV recebe:
- Lata
- Papel
- Papelão
- Vidro
- Alumínio
- Plástico
- Jornal e revista
- Ferro

Para que possamos ter um total aproveitamento dos materiais descartados é fundamental não colocá-los soltos, ou seja, acondicione papéis, vidros, metais e plásticos em sacolas diferentes e depois coloque tudo no PEV.

Ao contrário do que se pensa, não há necessidade de se separar os recicláveis nas cores convencionadas pelo Conselho Nacional de Meio Ambiental - CONAMA: amarelo, azul, vermelho e verde (Resolução Nº 275 de 25 de abril de 2001). Todos os recicláveis (papel, vidro, metal e plástico) podem ser acondicionados em um único recipiente, desde que estejam livres de resíduos orgânicos.

Esta obra foi composta em CTcP
Capa: Supremo 250 g – Miolo: Pólen Soft 80 g
Impressão e acabamento
Gráfica e Editora Santuário